TRADEWYX, MEHR AUF DEM MARKTPLATZ IN
VERSCHIEDENEN STAATEN VERKAUFEN

ISBN 978-80-88665-06-9

Auflage 1.
Erscheinungsjahr 2024

Er schrieb: Ing. Ivan Doubek et al.
Herausgegeben von. Ivan Doubek, Prag, Tschechische Republik

In den letzten Jahren hat sich die Geschäftswelt stark verändert: die zunehmende Nutzung des Internets, die Verbreitung der Arbeit von zu Hause aus, die verstärkte Nutzung von Online-Anwendungen und vieles mehr. Infolge dieser Veränderungen haben einige Unternehmen und Branchen zu kämpfen. Auf der anderen Seite entstehen Branchen, die florieren, neue Kunden anziehen, Gewinne erwirtschaften und ein großes Potenzial vor sich haben.

Dieses Buch konzentriert sich auf den zweiten Teil der Unternehmen, d.h. auf die Branche, die wächst. Sie wird weltweit neue Kunden gewinnen und hat große Aussichten vor sich. Es handelt sich um eine neue Branche - den Verkauf auf Marktplätzen in verschiedenen Ländern. Dieses Buch ist das erste, das diesen Wirtschaftszweig für jedes Land umfassend beschreibt, mit praktischen Beispielen und mit Hinweisen darauf, wie man durch diesen Wirtschaftszweig den Umsatz steigern und neue Kunden gewinnen kann. In einigen Jahren wird es in den Verkaufsabteilungen von Unternehmen üblich sein, Mitarbeiter zu beschäftigen, die für den Verkauf auf Marktplätzen in verschiedenen Ländern zuständig sind, und dieses Buch kann eine Inspiration sein.

Die weiterführenden Schulen und Hochschulen müssen sich auf die heutige Arbeitsmarktsituation einstellen und werden aufgrund der wachsenden Nachfrage den Bereich Marktplatzverkauf in verschiedenen Bundesländern in den Lehrplan aufnehmen.

Ich begann meine Arbeit in diesem neuen Bereich im Jahr 2020, als meine Kollegen und ich uns als erste in der Welt mit der Frage beschäftigten, wie viele Marktplatz-Apps in verschiedenen Staaten für den Verkauf von Produkten genutzt werden können. In meiner Zeit in diesem Bereich habe ich viele unfreundliche Kommentare von verschiedenen Seiten gehört, denn die Vorstellung, dass man mit ein paar Klicks Produkte in über 70 Staaten verkaufen kann, ist fast schon Science-Fiction. Heute, im Jahr 2024, setzen wir unsere Idee in die Tat um und helfen Unternehmen, ihre Produkte über den Marktplatz in über 70 Ländern zu verkaufen. Ich wünsche Ihnen viele erfolgreiche Geschäfte. Iwan Doubek

Das Buch enthält eine Reihe praktischer Einblicke, die Beispiele dafür beschreiben, wie man auf Marktplatz-Apps in verschiedenen Ländern verkaufen kann, so dass die Nutzer neue Kunden finden, ihre Verkäufe steigern oder ihre Einnahmen erhöhen können.

Dieses Buch richtet sich an eine Reihe von Personen und Unternehmen, darunter auch an die unten aufgeführten:

a) **Vertreter von Vertriebsgesellschaften**

Das Hauptaugenmerk von Vertriebsunternehmen liegt darauf, so viel wie möglich zu verkaufen, und durch den Verkauf auf Marktplätzen in verschiedenen Staaten können Unternehmen ihren Umsatz noch weiter steigern. Wir schulen Vertriebsmitarbeiter und Manager in einer Reihe von Vertriebsunternehmen und helfen ihnen zu wachsen. Durch den Verkauf auf Marktplätzen können Vertriebsmitarbeiter Informationen darüber erhalten, in welchen Staaten sie verkaufen sollten und welche Preise wettbewerbsfähig sind.

b) **Vertreter der Herstellerfirma**

Das Hauptaugenmerk von Produktionsunternehmen liegt auf der Herstellung wettbewerbsfähiger Produkte. Mit unserer Lösung können Unternehmen herausfinden, ob und zu welchem Preis das von ihnen hergestellte Produkt im Ausland verkauft werden kann oder nicht. In einer Reihe von Unternehmen schulen wir Vertriebsmitarbeiter und Geschäftsführer und zeigen ihnen praktische Beispiele für den Verkauf von Produkten und die Preisgestaltung.

c) Berühmte Persönlichkeiten, Sportvereine, Sportorganisationen

Heutzutage ist es bei Prominenten, Influencern, Sportvereinen oder Veranstaltern sehr beliebt, "Merch"-Produkte anzubieten. Diese Produkte können Trikots, T-Shirts, Tassen und vieles mehr umfassen. Wir helfen vielen Einzelhändlern, diese Produkte zu verkaufen.

d) Freiberufler, virtuelle Assistenten, Menschen, die von zu Hause aus arbeiten

Das Verkaufen auf Marktplätzen in verschiedenen Ländern ist eine neue Chance für Freiberufler (Selbstständige), virtuelle Assistenten oder Menschen, die von zu Hause aus arbeiten. Mit den Fähigkeiten, die sie in diesem Buch (oder in unseren Schulungen) erlernen, können sie einem breiten Spektrum von Unternehmen mehr helfen, sei es bei der Unterstützung, der Erstellung von Grafiken oder anderen administrativen Angelegenheiten.

e) Studenten

Das Verkaufen auf Marktplätzen in verschiedenen Ländern ist eine neue Möglichkeit für Studenten, entweder als Nebenjob, Praktikum oder Ausbildung.

f) Vertreter von Sekundarschulen und Universitäten

Dieses Buch (oder unser Training) eignet sich für Vertreter von Gymnasien und Hochschulen, die an ihren Schulen Erkenntnisse aus einem zukunftsträchtigen Bereich vermitteln wollen.

g) Arbeitssuchende und Menschen, die neue Herausforderungen suchen

Die Marktplatz-Verkaufsbranche in verschiedenen Staaten hat ein großes Potenzial und wird viele Menschen beschäftigen. Dieses Buch und unser Training sind für jeden, der nach einer neuen Chance sucht.

h) Vertreter von Handelskammern und anderen Verbänden sowie deren Mitglieder

Die Steigerung der Ausfuhren ist eines der Hauptziele einer Reihe von Berufs- und Industrieverbänden. Der Verkauf auf Marktplätzen in verschiedenen Ländern ist eine Form, die den Export fördern kann.

i) Vertreter der politischen Parteien, Abgeordnete, Senatoren

Der Verkauf an Marktplätze in verschiedenen Staaten sollte eine der grundlegenden Exportstrategien in jedem Staat sein. Parlamentarier, Senatoren und Wirtschaftswissenschaftler müssen diese Technologien unbedingt kennen.

j) Vertreter von Medien, Medien- und Werbeagenturen

Diese Branche bietet neue Geschäftsmöglichkeiten für den Verkauf von Werbeflächen. In diesem Buch (oder in unseren Schulungen) beschreiben wir praktische Beispiele für den Verkauf von Werbeflächen oder geben Tipps für Unternehmen, die sich Werbung sichern müssen, um ihre Produkte zu verkaufen.

Der Bereich des Marktplatzverkaufs ist in verschiedenen Ländern ein neuer Bereich, daher haben wir eine Liste von Begriffen erstellt, die im weiteren Verlauf des Buches auftauchen und erklärt werden müssen.

Marktplatz

Dies ist eine Online-Verkaufsseite, die verschiedene Verkäufer zusammenbringt, die diese Seite nutzen, um ihre Produkte zu verkaufen. Ein Kunde, der auf dieser Website einkauft, tätigt einen Standardeinkauf mit Hilfe eines Warenkorbs. Die Marktplatz-Anwendung ist im Land sehr beliebt und hat eine große Anhängerschaft.

Lagerhaus

Dies ist ein spezieller Raum in verschiedenen Staaten für die Lagerung von Waren.

Auslieferung

Dies sind Lagerhäuser, die mit Marktplatzanwendungen arbeiten. In diesen Lagern werden die Waren gelagert, und nachdem die Bestellung vom Marktplatz eingegangen ist, sorgen sie für die Kommissionierung (Verpackung) des Artikels und den Versand an den Kunden.

Einpacken

Einstellen von Artikeln auf dem Marktplatz. Nach dem Blättern erscheinen die Artikel im Menü für den Kunden und können gekauft werden.

Zum Verkauf geeignete Produkte auf dem Marktplatz

Produkte können in den verschiedenen Kategorien des Marktplatzes gefunden werden.

Wenn Sie an einem Verkauf auf dem Marktplatz in verschiedenen Ländern interessiert sind

Dies ist eine Einzelperson oder ein Unternehmen, das auf dem Marktplatz in verschiedenen Staaten verkaufen möchte. Dabei kann es sich um eine Produktionsfirma, eine Vertriebsfirma, einen Prominenten, einen Medienvertreter oder einen Vertreter einer Werbe- oder Medienagentur handeln.

Kunde

Eine Einzelperson oder ein Unternehmen, das "unsere" Artikel auf dem Marktplatz kauft.

Im Jahr 2020, als Covid-19 mit voller Wucht zuschlug und die Welt fast zum Stillstand kam, stellten wir fest, dass es keine umfassende Lösung und keinen Leitfaden dafür gab, wie man auf verifizierten Marktplatz-Apps in verschiedenen Ländern verkauft.

Im Jahr 2020 haben wir von unseren Geschäftspartnern finanzielle Mittel erhalten, um unser Projekt in verschiedenen Ländern zum Laufen zu bringen.

Unser Ziel war es, so viele Marktplätze wie möglich in verschiedenen Staaten zu finden, auf denen es möglich ist, verschiedene Produkte unserer Kunden zu verkaufen. Außerdem mussten wir festlegen, wie alles in Bezug auf die Logistik organisiert werden sollte, und eine einfache Webanwendung erstellen, bei der die Person, die auf dem Marktplatz verkaufen möchte, einfach den Staat auswählt, in dem sie auf dem Marktplatz verkaufen möchte.

Zur Umsetzung dieses Projekts haben wir ein großes internationales Team zusammengestellt, das in verschiedenen Ländern und in vielen Sprachen gearbeitet hat und weiter arbeitet.

In der ersten Phase des Projekts mussten wir herausfinden, welche Marktplatz-Apps in verschiedenen Ländern funktionieren. Wir überprüften Tausende von Domains, wo wir auch Verkäufe, Käufe, Datenübertragung und andere technische Parameter testeten.

In der zweiten Phase testeten wir Fulfillment-Lager in den verschiedenen Ländern, die wir besuchten, und sprachen mit aktuellen und ehemaligen Mitarbeitern dieser Lager, um die technischen Parameter für die Lagerung von Waren zu ermitteln. Um Ihnen eine Vorstellung zu geben, haben wir mehr als 2.000

verschiedene Lagerhäuser in mehreren Staaten besucht. Manchmal war es wirklich ein Abenteuer.

Wir haben festgestellt, dass verifizierte Marktplatz-Apps, einschließlich der Verbindungen zur Erfüllung, in 78 Staaten zu finden sind. Eine Übersicht über alle Staaten finden Sie auf unserer Website www.tradewyx.com.

Wir waren auf der Suche nach einer Domain, unter der wir das gesamte Projekt hosten konnten, und nach einer Seite, auf der wir Interessenten aus verschiedenen Ländern registrieren konnten, die auf dem Marktplatz verkaufen wollten. Nach langer Suche haben wir die Domain www.tradewyx.com gefunden.

Da unsere Hauptpartner (Investoren) aus den USA kommen, haben wir die Tradewyx Inc. gegründet, die ihren Sitz im Silicon Valley hat.

Wir haben unsere App, mit der Sie auf Marktplatz-Apps in 78 Staaten verkaufen können, im Jahr 2023 offiziell eingeführt.

Gleichzeitig erweitern wir aufgrund der hohen Nachfrage nach unseren Dienstleistungen unser Team um Mitarbeiter in verschiedenen Staaten und führen Schulungen in mehr als 200 Ländern durch.

Wenn Sie an dem Projekt interessiert sind, schreiben Sie uns bitte an unsere E-Mail Adresse job@tradewyx.com

<table><tr><td>**4.**</td><td>**Länder, in denen wir Verkäufe vermitteln können**</td></tr></table>

Wir bieten Marktplatzverkäufe in den unten aufgeführten Staaten an.

EUROPA - 30 LÄNDER 1

.Belgien 2. Bulgarien 3. Tschechische Republik 4. Dänemark 5. Finnland
7. Frankreich 8. Kroatien 9. Italien 10. Lettland 11. Litauen 12. Ungarn 13. Deutschland 14. Niederlande 15. Norwegen 16. Polen 17. Portugal 18. Rumänien 19. Österreich 20. Griechenland 21. Slowenien 23. Serbien 24. Großbritannien 25. Schweden 26. Spanien 27. Schweiz 28. Ukraine 29. Weißrussland 30. Russland

AFRIKA - 11 LÄNDER

Algerien 2. Ägypten 3. Ghana 4. Südafrika 5. Kenia 6. Marokko 7. Nigeria 8. Côte d'Ivoire 9. Senegal 10. Tunesien 11. Uganda

AMERIKA - 19 LÄNDER

1. Argentinien 2. Bolivien 3. Brasilien 4. Dominikanische Republik 5. ecuador 6. guatemala 7. Honduras 8. Chile 9. Kanada 10. Kolumbien 11. Costa Rica 12. Mexiko 13. Nicaragua 14. Panama 15. Peru 16. El Salvador 17. USA 18. Uruguay 19. Venezuela

ASIEN - 17 LÄNDER

1. Bangladesch 2. China 3. Philippinen 4. Georgien 5. Indien 6. Indonesien 7. Israel 8. Japan 9. Südkorea 10. Malaysia 11. Saudi-Arabien 12. Singapur 13. Vereinigte Arabische Emirate 14. Thailand 15. Taiwan 16. Türkei 17. Vietnam

AUSTRALIEN - 1 LAND

1.Australien

5. Übersicht der Produkte, die wir verkaufen können

Beispiele für Produkte, die wir auf dem Marktplatz in verschiedenen Ländern verkaufen können, sind die unten aufgeführten Produkte:

Nahrungsergänzungsmittel, nicht verderbliche Lebensmittel, Sportgeräte,

Bettzeug (z. B. Kissen), Anlagemünzen, Parfüm, Werkzeuge, Bücher, Elektronik, Wohnaccessoires, Uhren, Handtaschen, Rucksäcke, Spiele

Markenartikel (T-Shirts, Sweatshirts und mehr)

Die Listen der Artikel, die in den verschiedenen Staaten verkauft werden können, können für jeden Marktplatz unterschiedlich sein.

Wir empfehlen, die Liste der zum Verkauf stehenden Artikel in den Kategorien der einzelnen Marktplätze zu prüfen, die wir auf den folgenden Seiten beschreiben.

In einer ungenannten Großstadt fand ein großer Kampfsportwettkampf statt (Sie können sich jeden anderen Sportwettkampf oder sogar ein Konzert vorstellen).

Dieses Spiel hatte eine große Fangemeinde aus verschiedenen Staaten. Viele Fans verfolgten dieses Spiel.

Warum ist das wichtig?

Dieser Moment ist für den Verein (den Sportler oder die Musikgruppe) sehr wichtig, denn er muss die Aufmerksamkeit nutzen, um Markenprodukte (des Unternehmens/des Vereins usw.) an seine Fans in verschiedenen Ländern zu verkaufen.

Es ist unerlässlich, dass die Manager von Sportlern (Vereinen, Musikgruppen) möglichst viele Markenprodukte (T-Shirts, Trikots usw.) für die Fans in möglichst vielen Ländern bereithalten und "gelistete Artikel" auf Marktplatz-Apps anbieten, um den Verkauf zu fördern.

Sie können vor oder nach einem Spiel (Konzert, Turnier) Tausende bis Zehntausende von Markenartikeln verkaufen.

WICHTIGER HINWEIS

Das Datum dieses Spiels (und anderer ähnlicher Spiele, Konzerte) ist im Voraus bekannt, d. h. es bleibt genügend Zeit, um den Verkauf dieser Waren vorzubereiten und einzurichten. Sowohl der Gewinner des betreffenden Spiels als auch die Mannschaft bzw. der Verein, die bzw. der das Spiel verloren hat, werden Interesse am Kauf dieser Waren haben.

Beispiel: Stellen Sie sich vor, dass vor und nach dem Spiel 50.000 T-Shirts und andere Markenprodukte auf dem Marktplatz verkauft werden, mit einem Gewinn von z.B. 50 CZK pro Stück. Der Gesamtgewinn beträgt dann 2.500.000 CZK.

Stellen Sie sich vor, Sie haben ein Produkt und möchten es in verschiedenen Ländern verkaufen. Zeichnen Sie den Namen des Produkts in die Mitte des Rechtecks und schreiben Sie die Namen der Staaten, in denen Sie es verkaufen wollen, in die Links.

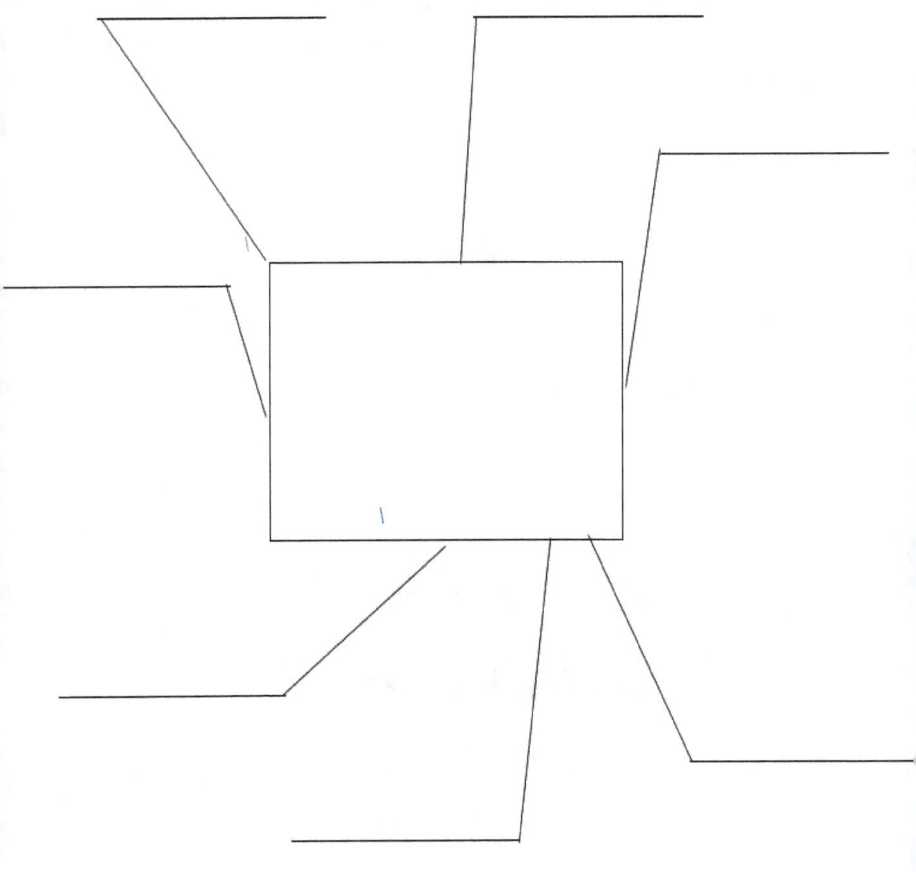

Unser Ziel war es, eine einfache Registrierung zu schaffen, die es denjenigen, die in verschiedenen Staaten verkaufen möchten, ermöglicht, den Marktplatz zu nutzen, um ihre Produkte zum Verkauf zu registrieren und einfach die Staaten auszuwählen, in denen sie verkaufen möchten.

Die Registrierung besteht aus 4 Schritten und ist sehr einfach und intuitiv.

Schritt 1 - Erstellen Sie einfach ein Konto auf app.tradewyx.com
In diesem Schritt erstellen wir ein Konto mit Ihrer E-Mail und Ihrem Passwort.

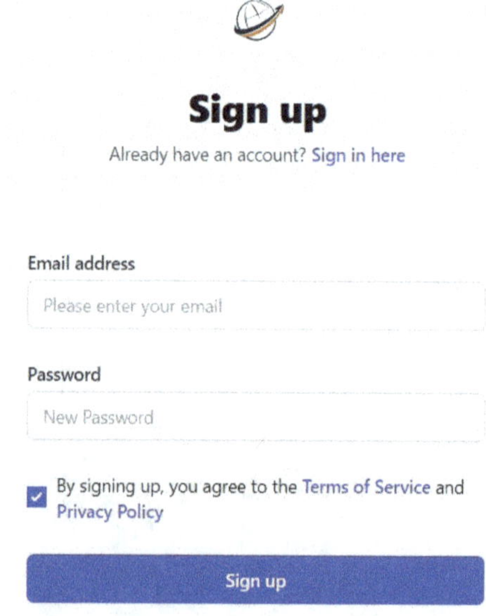

Nach dem Anlegen eines Kontos wird eine "Bestätigungs-E-Mail" versandt.

Schritt 2 - Ausfüllen der Unternehmensdaten

In diesem Schritt geben Sie den Namen, die Adresse und die Telefonnummer ein.

Schritt 3 - CSV-Elemente hochladen

In diesem Schritt laden wir die zu verkaufenden Daten hoch.

Upload Product CSV

Use the Shopify CSV format as described here.

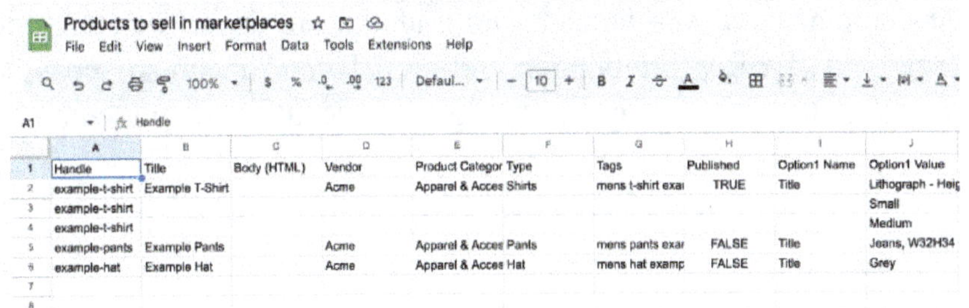

Sample CSV file looks like this.

Schritt 4 - Auswahl des Marktplatzes, auf dem Sie verkaufen möchten

In diesem Schritt wählen wir den Marktplatz aus, auf dem wir verkaufen möchten

Select Marketplaces

Marketplaces

Pick marketplaces worldwide where your products will be sold.

Select	Name	Country	Website
	Amazon	Belgium	www.amazon.com
	Fnac	Belgium	www.fr.fnac.be
	Bol	Belgium	www.bol.com
	Carrefour	Belgium	www.carrefour.com
	Emag	Bulgaria	www.emag.bg
	Kaufland	Bulgaria	www.kaufland.bg
	Alza	Czech Republic	www.alza.cz
	Allegro	Czech republic	www.allegro.cz

Nach der Eingabe der Daten setzt sich unser Kundendienstteam mit jedem potenziellen Verkäufer in Verbindung, um ihn zu beraten, wie er den Text, die Beschreibungen und die Übersetzungen so anpassen kann, dass die Artikel so gut wie möglich verkauft werden können.

In diesem Kapitel probieren Sie unsere App app.tradewyx.com aus.

1. erstellen Sie eine einfache Registrierung auf app.tradewyx.com.

2. Füllen Sie Ihre Daten aus.

3. laden Sie die CSV-Datei noch nicht hoch - überspringen Sie diesen Punkt.

4. Wählen Sie die Marktplätze, auf denen Sie verkaufen möchten, mit einer einfachen Auswahl.

Bitte versuchen Sie diesen Vorgang mehrmals.

Unsere Kollegen haben versucht, eine einfache Registrierungsschnittstelle für den Verkauf auf dem Marktplatz in verschiedenen Ländern zu schaffen, die jeder nutzen kann.

Unser Ziel ist es, innerhalb einer Woche nach der Registrierung Waren in einem oder mehreren der ausgewählten Länder zu verkaufen.

Zeitleiste

1. Registrierung von Gegenständen unter www.tradewyx.com

2 Tage - Vorbereitung der Sendungen für den Versand ins Lager

2. Senden von Artikeln an das Lager

3 Tage - Auslandstransport zwischen Ländern (kann kürzer sein im Falle eines Nachbarstaates, aber auch länger, z.B. beim Seetransport

3. Lieferung an das Lager

2 Tage - Überprüfung der Artikel

4. Start des Verkaufs auf dem Marktplatz

1. wenn Sie an einem Verkauf interessiert sind, registrieren Sie sich unter www.tradewyx.com

Bei der Registrierung wählt der Kaufinteressent einen Marktplatz aus und gibt bei der Überprüfung der Artikel an. Der potenzielle Verkäufer erhält eine Lageradresse - Fulfillment - für den ausgewählten Marktplatz, an die die zu verkaufenden Artikel geschickt werden müssen.

2. Der Interessent sendet die Waren an die Lagerhäuser entsprec]

3. Der Kunde kauft auf dem Marktplatz und die Erfüllungsware wird verschickt

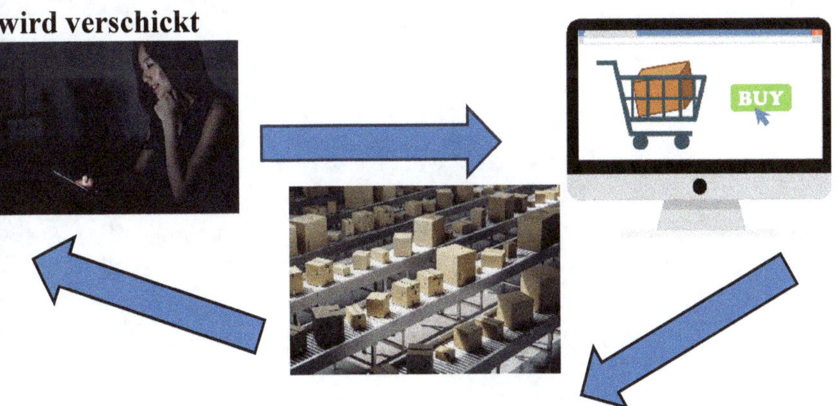

4. der Interessent erhält eine Rechnung für den Verkauf der Artikel

Wir können Ihnen derzeit dabei helfen, auf über 200 Marktplätzen in 78 verschiedenen Staaten zu verkaufen. Der Verkauf auf einem Marktplatz ist für den potenziellen Verkäufer mit Kosten verbunden, zu denen eine Gebühr (Provision) für den Marktplatzbetreiber, eine monatliche Pauschalgebühr, die Anmietung eines Ausführungslagers in verschiedenen Staaten und eine Gebühr für unser Unternehmen gehören. Der Transport vom Auslieferungslager zum Kunden wird in der Regel vom Kunden bezahlt.

Eine Übersicht über die Kosten finden Sie in unserer Schnittstelle (nach Registrierung) für jeden Marktplatz.

Nach der Registrierung auf app.tradewyx.com wählt der potenzielle Verkäufer den Marktplatz aus, auf dem er verkaufen möchte. Für jeden Marktplatz wird eine monatliche Abonnementgebühr festgelegt, von der dann die Kosten für den Verkauf auf dem Marktplatz abgezogen werden.

Berechnungsbeispiel:

Abonnement / monatliche Einzahlung   2 000 CZK

Einnahmen

Verkauf von Gegenständen für 200 000 CZK

                                                  200 000 CZK

Kosten

Kosten - Marktplatz - Betrieb   1 000 CZK
Kosten - Marktplatz Vergütung 8 %   16 000 CZK
Kosten - Fulfillment - Betrieb   2 000 CZK
Kosten - www.tradewyx.com verkehr - 3 %   6 000 CZK

Insgesamt   175 000 CZK
Plus Abonnement   2 000 CZK
Insgesamt in Rechnung zu stellen 177 000 CZK

Die folgenden Überlegungen sollten bei der Entscheidung, in welchem Land und auf welchem Marktplatz Sie Ihre App verkaufen wollen, berücksichtigt werden:

1   Der interessierte Verkäufer öffnet die Marktplatzanwendung in den Staaten, in denen er verkaufen möchte (siehe www.tradewyx.com für einen Überblick) und prüft die Preise und die Verfügbarkeit von Konkurrenzprodukten in der ausgewählten Kategorie.

2   Der interessierte Verkäufer kann sich über die Marktplatzanwendung in unserer App über die Kosten des Verkaufs informieren.

3   Der Interessent erstellt eine Gesamtkalkulation für den Verkauf, inklusive Zoll und Transport zum Lager (unser Kundensupport hilft bei dieser Kalkulation).

4   Der Interessent muss über die entsprechenden Zertifikate, Konformitätsbescheinigungen oder Lizenzrechte für den Verkauf der Waren im Ausland verfügen (unser Kundensupport hilft bei der Überprüfung von Zertifikaten etc.).

5   Die interessierte Partei muss ein Beschwerdesystem eingerichtet   haben
   (Auch hier hilft unser Kundendienst bei der Einrichtung).

Unser Unternehmen hilft bei der Bevorratung von Artikeln in Fulfillment-Centern in den ausgewählten Ländern des interessierten Verkäufers und bei der "Artikellistung" in den ausgewählten Marktplatzanwendungen.

Beim Verkauf auf dem Marktplatz werden die Artikel mit Hilfe von Schlüsselwörtern beworben. Das heißt, wenn eine große Nachfrage nach einem Artikel besteht (z. B. Fanartikel von Sportvereinen, Sportorganisationen oder Prominenten), finden Fans, die in Suchmaschinen nach diesem Stichwort suchen, einen Link zum Kauf auf verschiedenen Marktplätzen.

Wenn sich ein Artikel nicht wie erwartet verkauft, können wir die Kontaktdaten an Medien und Medienagenturen weitergeben, die den an einem Verkauf auf dem Marktplatz Interessierten bei der Erstellung einer Werbekampagne oder bei der Online-Werbung auf YouTube oder Google helfen können.

Unsere Erfahrung hat gezeigt, dass es beim "Blättern" sehr wichtig ist, einen passenden Namen und eine passende Beschreibung zu erstellen. Der Titel der Artikel sollte genau beschreiben, was sie sind. Der falsche ist zum Beispiel "Fußballtrikot", der richtige ist "FC BARCELONA Fußballtrikot". Und bei der Beschreibung der Artikel ist es wichtig, die Waren so gut wie möglich zu beschreiben, einschließlich einer Beschreibung der Wettbewerbsvorteile, ohne dabei Fehler zu machen.

Wir empfehlen außerdem, diese Beschreibung in andere Sprachen zu übersetzen, da die Algorithmen von Marketplace-Apps diese Beschreibungen in ihre Suche einbeziehen.

Marktplatzverkäufe in verschiedenen Ländern sollten von Handels- und Produktionsunternehmen, aber auch von Sportvereinen und -organisationen sowie von Prominenten, die ihre Waren verkaufen, in ihrer Geschäftsstrategie berücksichtigt werden.

Wir veranstalten regelmäßig ganztägige Seminare in über 200 Ländern, in denen wir anhand praktischer Beispiele erläutern, wie Sie mit Hilfe des Marktplatzes mehr verkaufen können - wie Sie Ihren Umsatz steigern oder Kunden finden können.

Jeder Teilnehmer erhält ein Zertifikat mit internationaler Gültigkeit.

Dieses Training sollte von Verkäufern, Managern von Produktions- und Vertriebsunternehmen, Managern von Sportvereinen Managern von Sportvereinen und Sportveranstaltungen, Influencern, Prominenten und anderen, die noch mehr verkaufen wollen.

Die Schulung ist für Vertreter von Sekundarschulen und Universitäten geeignet, die neue Themen für ihre Schüler suchen.

Die Schulung ist auch für Medienvertreter und Medienagenturen geeignet.

Ein weiterer Teilnehmer an der Schulung sind in der Regel Vertreter von Handelskammern oder anderen Berufsverbänden und Mitglieder dieser Organisationen.

Die Schulungsteilnehmer sind auch Vertreter politischer Parteien, die nach neuen Anregungen zur Steigerung der Exporte und zur Schaffung von Arbeitsplätzen suchen.

Die Schulung ist auch für Arbeitssuchende, Freiberufler und Studenten geeignet, die sich neue - moderne - Fähigkeiten aneignen und ein Zertifikat erwerben möchten, um ihren Lebenslauf, ihre Profile in den sozialen Medien oder ihre Websites zu verbessern.

Potenzielle Verkäufe auf dem Marktplatz in verschiedenen Ländern

Der Verkauf auf dem Marktplatz in verschiedenen Staaten hat ein großes Potenzial, denn:

a) die Zahl der Verkäufe über das Internet wird zunehmen

b) Vertriebs- und Produktionsunternehmen werden mehr auf dem Marktplatz verkaufen

c) Sportvereine werden auf diese Weise mehr Merch verkaufen

d) Berühmte Persönlichkeiten erreichen mit diesem Formular neue Fans in verschiedenen Ländern

e) Medien, Mediaagenturen finden neue Kunden

Verkaufen auf Marktplätzen in verschiedenen Ländern ist ein globales Thema. Deshalb ist dieses Buch in 29 Sprachen erschienen und bei mehr als 10.000 Buchhändlern erhältlich.

Außerdem organisieren wir Schulungen in mehr als 200 Ländern und mehr als 1.000 Städten.

Je eher Sie die Lektionen aus unserem Buch oder Training lernen, desto eher werden Sie einen wichtigen Wettbewerbsvorteil erlangen, der Ihnen helfen kann, Ihren Umsatz zu steigern oder neue Kunden zu finden.

Wir unterstützen Medien und andere Partner beim Verkauf ihrer Werbeflächen, sowohl an Kunden in ihren Heimatländern als auch an internationale Kunden.

So können wir beispielsweise Werbeflächen in amerikanischen Medien an Kunden in Japan oder Werbeflächen in deutschen Medien an Kunden in Polen verkaufen.

Wir helfen beim Verkauf von Werbeflächen mit Gutscheinen, die Kunden auf verschiedenen Marktplätzen kaufen können. Der Vorteil dieses Gutscheins für Medien ist die genaue Beschreibung der Erfüllung und auch, dass Kunden diesen Gutschein online (ohne Handelsvertreter der Medien) kaufen können. Der Verkauf von Werbeflächen mit einem Gutschein kann z.B. schnell auf eine freie Medienfläche reagieren, die durch eine Kündigung eines anderen Kunden entstanden ist.

Beispiele für Gutscheine für den Verkauf von Medienflächen auf dem Marktplatz:

a) Nachrichtenagenturen - der zum Verkauf stehende Gutschein kann die von der betreffenden Nachrichtenagentur herausgegebene Pressemitteilung beschreiben
b) Radio - der Verkaufsgutschein kann die Anzahl und Länge der Radiospots des Radiosenders enthalten
c) TV - der Gutschein kann die Anzahl und Länge der Werbespots auf dem angegebenen Fernsehsender enthalten
d) Zeitung (Online-Zeitung) - der Verkaufsgutschein kann die Größe der Werbefläche und die Anzahl der Aufrufe beinhalten

e) Influencer - der Gutschein kann die Werbefläche des Influencers beschreiben

f) Werbetafeln - der Verkaufsbeleg kann eine Beschreibung der zu vermietenden Fläche enthalten

Es gibt viele Beispiele für eine Werbeerfüllung. Zum Beispiel kann es sich um einen Gutschein für einen Werbeauftritt in einem kommenden Film handeln, einen Gutschein für einen Auftritt bei der Organisation eines Konzerts, einer Sportveranstaltung, einer Eventunterstützung, einer Projektunterstützung usw.

Beim Marktplatzverkauf können bezahlte Inhalte auch über Gutscheine oder Lizenzkarten in verschiedenen Ländern verkauft werden.

Einige Beispiele:

a) ein beliebter Influencer hat "bezahlte Inhalte" und kann diese in mehreren Ländern verkaufen
b) Zugang zu Pay-TV-Inhalten
c) Zugang zu kostenpflichtigen Online-Kursinhalten
d) Zugang zu Mitgliedschaftsprogrammen (Fitnessstudio, Yoga, usw.)
e) Zugang zu kostenpflichtigen Artikeln (Zeitungen, Online-Portale)
f) Zugänge zu bezahlten Sportinhalten

Andere kostenpflichtige Inhalte, die mit fertigen Produkten kombiniert werden können, z. B. Online-Kurs für das Fitnessstudio mit Eintrittskarten, Online-Führer für Prag mit Unterkünften, Online-Kochkurs mit Restaurantbesuchen, Online-Konzertaufnahmen mit Eintrittskarten für Konzerte von Sängern, Online-Kurs für Dubai-Führer mit Immobilienverkauf...

Auf den folgenden Seiten finden Sie eine Beschreibung der einzelnen Marktplätze
für jedes Land sowie eine Beschreibung der einzelnen Länder.

Hier finden Sie auch eine Übersicht über die Schulungsorte in den einzelnen Ländern.

Wir können Verkäufe in 78 Staaten tätigen.

Stellen Sie sich vor, Sie sind ein Kaufinteressent aus Kap Verde und Sie möchten in Indonesien verkaufen. Dieser Verkauf kann stattfinden, weil Indonesien in der Liste der Länder aufgeführt ist, in die wir verkaufen können.

Wenn Sie ein Kunde aus Indonesien sind, können wir nicht auf die Kapverdischen Inseln verkaufen, da dieses Land nicht in der Liste der 78 Länder aufgeführt ist
, in die wir verkaufen können.

Kapverdische Inseln **Indonesien**

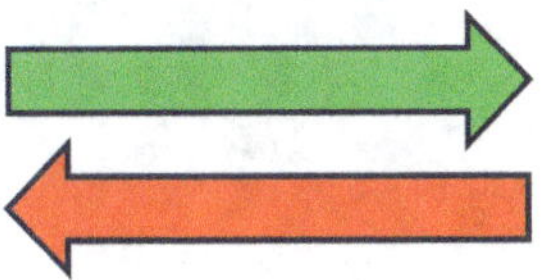

Stellen Sie sich vor, Sie sind ein potenzieller Verkäufer aus den USA und möchten in Ägypten verkaufen. Oder Sie sind ein Kunde aus Ägypten und möchten in den USA verkaufen.

Wir können beide Verkaufssitzungen anbieten, da die Staaten in der Staatenübersicht in Kapitel 4 aufgeführt sind.

Ägypten **USA**

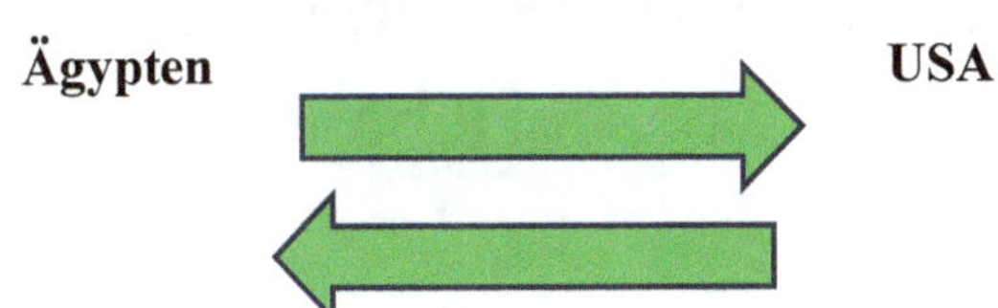

Fläche: 10 180 000 km^2

Bevölkerung: 742 500 000

45 autonome Staaten

(Kasachstan und die Türkei sind in Asien beschrieben)

<table>
<tr>
<td>**1.**</td>
<td></td>
<td>

Europa - Albanien

</td>
</tr>
</table>

Hauptstadt: Tirana
Einwohnerzahl: 2 800 000
Sprache: albanisch

Wir haben keine Marktplatz-App im Land Albanien gefunden.

Unternehmen und Bürger aus Albanien können ihre Produkte in jedes der 78 in Kapitel 4 aufgeführten Länder verkaufen (exportieren).

In Albanien veranstalten wir regelmäßig Schulungen, in denen wir beschreiben, wie man die Exporte mit Hilfe des Marktplatzes in verschiedenen Staaten verbessern kann.

Wir führen Schulungen durch - Name der Stadt, Bevölkerung:

Tirana	418 000

Die Schulungstermine finden Sie unter www.tradewyx.com.

2. Europa - Andorra

Andorra la Vella
Einwohnerzahl: 80 000
Sprache: Katalanisch, Französisch

Im Staat Andorra haben wir keine Marktplatz-App gefunden.

Unternehmen und Bürger aus Andorra können ihre Produkte in jedes der 78 in Kapitel 4 aufgeführten Länder verkaufen (exportieren).

In Andorra veranstalten wir regelmäßig Schulungen zur Verbesserung der Exporte über die Marktplätze in verschiedenen Ländern.

Wir bieten Schulungen an - Name der Stadt, Bevölkerung:

Andorra	22 000

Die Schulungstermine finden Sie unter www.tradewyx.com.

3. Europa - Belgien

Hauptstadt: Brüssel
Einwohnerzahl: 11 590 000
Sprache: französisch, deutsch

In Belgien haben wir die folgenden Marktplatz-Apps gefunden:
www.amazon.com, www.fr.fnac.be, www.bol.com, www.carrefour.com

Verkaufen Sie Ihre Produkte über die oben genannten Marktplatz-Apps?
Und welche Produkte verkaufen
Sie? ....

Unternehmen und Bürger aus Belgien können ihre Produkte in jedes der 77 in Kapitel 4 aufgeführten Länder verkaufen (exportieren).

In Belgien veranstalten wir regelmäßig Schulungen, in denen beschrieben wird, wie man den Export über den Marktplatz in verschiedenen Ländern verbessern kann.

Wir bieten Schulungen an - Name der Stadt, Bevölkerung:

Brüssel	1 019 022
Antwerpen	459 805

Die Schulungstermine finden Sie unter www.tradewyx.com.

Europa - Weißrussland

Hauptstadt: Minsk
Einwohnerzahl: 9 340 000
Sprache: Weißrussisch

In Weißrussland haben wir die folgenden Marktplatz-Apps gefunden:
www.kufar.by, www.wildberries.by

Verkaufen Sie Ihre Produkte über die oben genannten Marktplatz-Apps?
 Und welche Produkte verkaufen
Sie? ....

Unternehmen und Bürger aus Belarus können ihre Produkte in jedes der 77 in Kapitel 4 aufgeführten Länder verkaufen (exportieren).

In Weißrussland veranstalten wir regelmäßig Schulungen, in denen wir beschreiben, wie man die Exporte über den Marktplatz in verschiedenen Ländern verbessern kann.

Wir führen Schulungen durch - Name der Stadt, Bevölkerung:

Minsk	1 742 124
Gomel	480 951

Die Schulungstermine finden Sie unter www.tradewyx.com.

5. Europa Bosnien und Herzegowina

Hauptstadt: Sarajewo
Einwohnerzahl: 3 270 000
Sprache: Bosnisch

In Bosnien und Herzegowina haben wir keine Marktplatzanwendung gefunden.

Unternehmen und Bürger aus Bosnien und Herzegowina können ihre Produkte in jedes der 78 in Kapitel 4 aufgeführten Länder verkaufen (exportieren).

In Bosnien und Herzegowina veranstalten wir regelmäßig Schulungen, in denen wir beschreiben, wie die Exporte durch die Nutzung der Marktplätze in verschiedenen Staaten verbessert werden können.

Wir führen Schulungen durch - Name der Stadt, Bevölkerung:

Sarajevo	696 000

Die Schulungstermine finden Sie unter www.tradewyx.com.

<table>
<tr><td>6.</td><td>

Europa - Bulgarien

</td></tr>
</table>

Hauptstadt: Sofia
Einwohnerzahl: 6 800 000
Sprache: bulgarisch

In Bulgarien haben wir die folgenden Marktplatz-Apps gefunden:
www.emag.bg,www.kaufland.bg

Verkaufen Sie Ihre Produkte über die oben genannten Marktplatz-Apps? Und welche Produkte verkaufen
Sie? ....

Unternehmen und Bürger aus Bulgarien können ihre Produkte in jedes der 77 in Kapitel 4 aufgeführten Länder verkaufen (exportieren).

In Bulgarien veranstalten wir regelmäßig Schulungen, in denen wir beschreiben, wie man den Export über den Marktplatz in verschiedenen Ländern verbessern kann.

Wir führen Schulungen durch - Name der Stadt, Bevölkerung:

Sofia	1 152 992
Plovdiv	341 000
Varna	312 000

Die Schulungstermine finden Sie unter www.tradewyx.com.

Europa - Montenegro

Hauptstadt: Podgorica
Einwohnerzahl: 619 000
Sprache: Montenegrinisch

Wir haben in Montenegro keine Marktplatz-Apps gefunden.

Unternehmen und Bürger aus Montenegro können ihre Produkte in jedes der 78 in Kapitel 4 aufgeführten Länder verkaufen (exportieren).

In Montenegro veranstalten wir regelmäßig Schulungen, in denen wir beschreiben, wie man die Exporte mit Hilfe des Marktplatzes in verschiedenen Ländern verbessern kann.

Wir führen Schulungen durch - Name der Stadt, Bevölkerung:

Podgorica	136 000

Die Schulungstermine finden Sie unter www.tradewyx.com.

Hauptstadt: Prag
Einwohnerzahl: 10 572 000
Sprache: Tschechisch

In der Tschechischen Republik haben wir die folgenden Marktplatz-Apps gefunden:

www.alza.cz, www.allegro.cz, www.mall.cz, www.kaufland.cz, www.heureka.cz

Verkaufen Sie Ihre Produkte über die oben genannten Marktplatz-Apps? Und welche Produkte verkaufen
Sie? ....

Unternehmen und Bürger aus der Tschechischen Republik können ihre Produkte in jedes der 77 in Kapitel 4 aufgeführten Länder verkaufen (exportieren).

In der Tschechischen Republik veranstalten wir regelmäßig Schulungen, in denen wir beschreiben, wie man den Export mit Hilfe des Marktplatzes in verschiedenen Ländern verbessern kann.

Wir bieten Schulungen an - Name der Stadt, Bevölkerung:

Prag	1 165 581
Brünn	369 559
Ostrau	313 088

Die Schulungstermine finden Sie unter www.tradewyx.com.

Europa - Dänemark

Hauptstadt: Kopenhagen
Einwohnerzahl: 5 800 000
Sprache: Dänisch

In Dänemark haben wir diese Marktplatz-Apps gefunden:
www.thansen.dk,www.jemogfix.dk

Verkaufen Sie Ihre Produkte über die oben genannten Marktplatz-Apps? Und welche Produkte verkaufen
Sie? ....

Unternehmen und Bürger aus Dänemark können ihre Produkte in jedes der 77 in Kapitel 4 aufgeführten Länder verkaufen (exportieren).

In Dänemark veranstalten wir regelmäßig Schulungskurse, in denen wir beschreiben, wie man den Export mit Hilfe des Marktplatzes in verschiedenen Ländern verbessern kann.

Wir führen Schulungen durch - Name der Stadt, Bevölkerung:

Kopenhagen	1 153 615
Arhus	237 551

Die Schulungstermine finden Sie unter www.tradewyx.com.

Europa - Estland

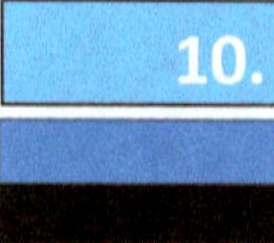

Hauptstadt: Tallinn
Einwohnerzahl: 1 330 000
Sprache: Estnisch

In Estland haben wir die folgenden Marktplatz-Anwendungen gefunden:
www.kaup24.ee,www.hansapost.ee,www.1a.ee

Verkaufen Sie Ihre Produkte über die oben genannten Marktplatz-Apps?
Und welche Produkte verkaufen
Sie? ....

Unternehmen und Bürger aus Estland können ihre Produkte in jedes der 77 in Kapitel 4 aufgeführten Länder verkaufen (exportieren).

In Estland veranstalten wir regelmäßig Schulungen, in denen wir beschreiben, wie man die Exporte mit Hilfe des Marktplatzes in verschiedenen Ländern verbessern kann.

Wir führen Schulungen durch - Name der Stadt, Bevölkerung:

Tallinn	394 024

Die Schulungstermine finden Sie unter www.tradewyx.com.

11. Europa - Finnland

Hauptstadt: Helsinki
Einwohnerzahl: 5 5 00 000
Sprache: finnisch

In Finnland haben wir die folgenden Marktplatz-Anwendungen gefunden:

**www.cdon.com, www.tokmanni.fi, www.prisma.fi, www.hobbyhall.fi,
www.gigantti.fi, www.verkkokauppa.com/fi/etusivu
www.karkkainen.com/verkkokauppa/,**

Verkaufen Sie Ihre Produkte über die oben genannten Marktplatz-Apps? Und welche Produkte verkaufen
Sie? ....

Unternehmen und Bürger aus Finnland können ihre Produkte in jedes der 77 in Kapitel 4 aufgeführten Länder verkaufen (exportieren).

In Finnland veranstalten wir regelmäßig Schulungen, in denen wir beschreiben, wie man den Export über die Marktplätze in verschiedenen Ländern verbessern kann.

Wir führen Schulungen durch - Name der Stadt, Bevölkerung:

Helsinki	558 457

Die Schulungstermine finden Sie unter www.tradewyx.com.

<table>
<tr><td>**12.**</td><td>

Europa - Frankreich
</td></tr>
</table>

Hauptstadt: Paris
Einwohnerzahl: 67 500 000
Sprache: französisch

Im Staat Frankreich haben wir die folgenden Marktplatz-Apps gefunden:
**www.amazon.fr,www.fr.fnac.fr,www.rakuten.com,www.carrefour.com,
www.cdiscount.com**

Verkaufen Sie Ihre Produkte über die oben genannten Marktplatz-Apps?
 Und welche Produkte verkaufen
Sie? ....

Unternehmen und Bürger aus Frankreich können ihre Produkte in jedes
der 77 in Kapitel 4 aufgeführten Länder verkaufen (exportieren).

In Frankreich veranstalten wir regelmäßig Schulungen, in denen wir
beschreiben, wie man den Export über den Marktplatz in verschiedenen
Ländern verbessern kann.

Wir bieten Schulungen an - Name der Stadt, Bevölkerung:

Paris	2 138 551
Marseille	794 811
Lyon	472 317
Toulouse	433 055

Die Schulungstermine finden Sie unter www.tradewyx.com.

Europa - Kroatien

Hauptstadt: Zagreb
Einwohnerzahl: 3 890 000
Sprache: Kroatisch

Im Bundesland Khovatsko haben wir die folgenden Marktplatz-Anwendungen gefunden:

www.ekupi.hr,www.njuskalo.hr,www.emmezeta.hr

Verkaufen Sie Ihre Produkte über die oben genannten Marktplatz-Apps? Und welche Produkte verkaufen Sie? ....

Unternehmen und Bürger aus Kroatien können ihre Produkte in jedes der 77 in Kapitel 4 aufgeführten Länder verkaufen (exportieren).

In Kroatien veranstalten wir regelmäßig Schulungen, in denen wir beschreiben, wie man die Exporte über den Marktplatz in verschiedenen Ländern verbessern kann.

Wir bieten Schulungen an - Name der Stadt, Anzahl der Einwohner:

Zagreb	698 966
Teilen	176 314

Die Schulungstermine finden Sie unter www.tradewyx.com.

<table>
<tr><td>**14.**</td><td></td></tr>
</table>

Hauptstadt: Dublin
Einwohnerzahl: 5 000 000
Sprache: Irisch

Im Staat Irland haben wir keine Marktplatz-Apps gefunden.

Unternehmen und Bürger in Irland können ihre Produkte in jedes der 78 in Kapitel 4 aufgeführten Länder verkaufen (exportieren).

Im Staat Irland führen wir regelmäßig Schulungen durch, in denen wir aufzeigen, wie die Ausfuhren durch die Nutzung des Marktplatzes in den verschiedenen Staaten verbessert werden können.

Wir bieten Schulungen an - Name der Stadt, Bevölkerung:

Dublin	1 024 027

Die Schulungstermine finden Sie unter www.tradewyx.com.

15. Europa - Island

Hauptstadt: Reykjavik
Einwohnerzahl: 372 000
Sprache: Isländisch

Wir haben in Island keine Marktplatzanwendungen gefunden.

Unternehmen und Bürger aus Island können ihre Produkte in jedes der 78 in Kapitel 4 aufgeführten Länder verkaufen (ausführen).

Wir halten regelmäßig Schulungen in Island ab, in denen wir beschreiben, wie man die Exporte mit Hilfe des Marktplatzes in verschiedenen Staaten verbessern kann.

Wir führen die Schulungen in der Stadt durch:

Reykjavik	118 918

Die Schulungstermine finden Sie unter www.tradewyx.com.

<table>
<tr><td>**16.**</td><td>**Europa - Italien**</td></tr>
</table>

Hauptstadt: Rom
Einwohnerzahl: 59 100 000
Sprache: italienisch

Im Bundesland Italien haben wir die folgenden Marktplatz-Apps gefunden:
www.amazon.it, www.temu.com, www.trovaprezzi.it

Verkaufen Sie Ihre Produkte über die oben genannten Marktplatz-Apps?
 Und welche Produkte verkaufen
Sie? ....

Unternehmen und Bürger aus Italien können ihre Produkte in jedes der 77 in Kapitel 4 aufgeführten Länder verkaufen (exportieren).

In Italien veranstalten wir regelmäßig Schulungen, in denen beschrieben wird, wie man den Export über den Marktplatz in verschiedenen Ländern verbessern kann.

Wir bieten Schulungen an - Name der Stadt, Bevölkerung:

Rom	2 318 895
Milan	1 236 837
Neapel	959 470
Turin	870 456
Palermo	648 260
Genua	580 223
Bologna	366 133
Florenz	349 296

Die Schulungstermine finden Sie unter www.tradewyx.com.

17. Europa - Kosovo

Hauptstadt: Pristina
Einwohnerzahl: 1 800 000
Sprache: Albanisch

Wir haben keine Marktplatz-App im Staat Kosovo gefunden.

Unternehmen und Bürger aus dem Kosovo können ihre Produkte in jedes der 78 in Kapitel 4 aufgeführten Länder verkaufen (exportieren).

Im Kosovo veranstalten wir regelmäßig Schulungen, in denen wir beschreiben, wie man die Exporte mit Hilfe des Marktplatzes in verschiedenen Ländern verbessern kann.

Wir führen Schulungen durch - Name der Stadt, Bevölkerung:

Pristina	200 000

Die Schulungstermine finden Sie unter www.tradewyx.com.

<table>
<tr><td>**18.**</td><td>## Europa - Liechtenstein</td></tr>
</table>

Hauptstadt: Vaduz
Einwohnerzahl: 39 000
Sprache: Deutsch

Wir konnten keine Marktplatz-Apps in Liechtenstein finden.

Unternehmen und Bürger aus Liechtenstein können ihre Produkte in jedes der 78 in Kapitel 4 aufgeführten Länder verkaufen (exportieren).

In Liechtenstein führen wir regelmäßig Schulungen durch, in denen wir beschreiben, wie man den Export über die Marktplätze in verschiedenen Ländern verbessern kann.

Wir bieten Schulungen an - Name der Stadt, Anzahl der Einwohner:

Vaduz	5470

Die Schulungstermine finden Sie unter www.tradewyx.com.

Europa - Litauen

Hauptstadt: Vilnius
Einwohnerzahl: 2 800 000
Sprache: Litauisch

In Litauen haben wir die folgenden Marktplatz-Apps gefunden:
www.pigu.lt

Verkaufen Sie Ihre Produkte über die oben genannten Marktplatz-Apps?
 Und welche Produkte verkaufen
Sie? ....

Unternehmen und Bürger aus Litauen können ihre Produkte in jedes der 77 in Kapitel 4 aufgeführten Länder verkaufen (exportieren).

In Litauen veranstalten wir regelmäßig Schulungen, in denen wir beschreiben, wie man den Export über Marktplätze in verschiedenen Ländern verbessern kann.

Wir führen Schulungen durch - Name der Stadt, Bevölkerung:

Vilnius	542 366
Kaunas	374 643

Die Schulungstermine finden Sie unter www.tradewyx.com.

<table>
<tr><td>20.</td><td>Europa - Lettland</td></tr>
</table>

Hauptstadt: Riga
Einwohnerzahl: 1 800 000
Sprache: Lettisch

In Lettland haben wir die folgenden Marktplatz-Anwendungen gefunden:
www.220.lv

Verkaufen Sie Ihre Produkte über die oben genannten Marktplatz-Apps? Und welche Produkte verkaufen
Sie? ....

Unternehmen und Bürger aus Lettland können ihre Produkte in jedes der 77 in Kapitel 4 aufgeführten Länder verkaufen (exportieren).

In Lettland organisieren wir regelmäßig Schulungskurse, in denen beschrieben wird, wie man die Exporte durch die Nutzung des Marktplatzes in verschiedenen Ländern verbessern kann.

Wir bieten Schulungen an - Name der Stadt, Bevölkerung:

Riga	742 572

Die Schulungstermine finden Sie unter www.tradewyx.com.

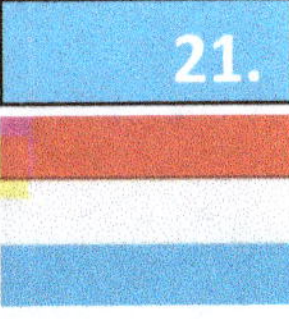

Europa - Luxemburg

Hauptstadt: Luxemburg-Stadt
Einwohnerzahl: 650 000
Sprache: Deutsch

Wir haben keine Marktplatz-App in Luxemburg gefunden.

Unternehmen und Bürger aus Luxemburg können ihre Produkte in jedes der 78 in Kapitel 4 aufgeführten Länder verkaufen (exportieren).

In Luxemburg veranstalten wir regelmäßig Schulungen, in denen wir beschreiben, wie man den Export über den Marktplatz in verschiedenen Ländern verbessern kann.

Wir bieten Schulungen an - Name der Stadt, Anzahl der Einwohner:

Luxemburg	76 684

Die Schulungstermine finden Sie unter www.tradewyx.com.

22. Europa - Ungarn

Hauptstadt: Budapest
Einwohnerzahl: 9 700 000
Sprache: Ungarisch

In Ungarn haben wir die folgenden Marktplatz-Apps gefunden:
www.alza.hu, www.mall.hu, www.emag.hu

Verkaufen Sie Ihre Produkte über die oben genannten Marktplatz-Apps?
 Und welche Produkte verkaufen
Sie? ....

Unternehmen und Bürger aus Ungarn können ihre Produkte in jedes der 77 in Kapitel 4 aufgeführten Länder verkaufen (exportieren).

In Ungarn veranstalten wir regelmäßig Schulungen, in denen wir beschreiben, wie man den Export über die Marktplätze in verschiedenen Ländern verbessern kann.

Wir bieten Schulungen an - Name der Stadt, Bevölkerung:

Budapest	1 741 041

Die Schulungstermine finden Sie unter www.tradewyx.com.

Europa - Mazedonien

Hauptstadt: Skopje
Einwohnerzahl: 2 100 000
Sprache: Mazedonisch

Wir haben keine Marktplatz-App im Staat Mazedonien gefunden.

Unternehmen und Bürger aus dem Staat Mazedonien können ihre Produkte in jedes der 78 in Kapitel 4 aufgeführten Länder verkaufen (exportieren).

In Mazedonien veranstalten wir regelmäßig Schulungen, in denen wir beschreiben, wie man die Exporte über den Marktplatz in verschiedenen Ländern verbessern kann.

Wir führen Schulungen durch - Name der Stadt, Anzahl der Einwohner:

Skopje	474 889

Die Schulungstermine finden Sie unter www.tradewyx.com.

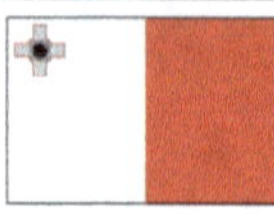

<table>
<tr><td>24.</td><td>**Europa - Malta**</td></tr>
</table>

Hauptstadt: Valletta
Einwohnerzahl: 518 000
Sprache: maltesisch

Wir haben auf Malta keine Marktplatz-Apps gefunden.

Unternehmen und Bürger aus Malta können ihre Produkte in jedes der 78 in Kapitel 4 aufgeführten Länder verkaufen (exportieren).

In Malta veranstalten wir regelmäßig Schulungen zur Verbesserung der Exporte durch die Nutzung des Marktplatzes in verschiedenen Ländern.

Wir bieten Schulungen an - Name der Stadt, Bevölkerung:

Valletta	6 444

Die Schulungstermine finden Sie unter www.tradewyx.com.

Europa - Moldawien

Hauptstadt: chisinau
Einwohnerzahl: 2 613 000
Sprache: moldauisch, rumänisch

Wir haben in Moldawien keine Marktplatz-App gefunden.

Unternehmen und Bürger aus der Republik Moldau können ihre Produkte in jedes der 78 in Kapitel 4 aufgeführten Länder verkaufen (exportieren).

In Moldawien veranstalten wir regelmäßig Schulungen, in denen wir beschreiben, wie man den Export über die Marktplätze in verschiedenen Ländern verbessern kann.

Wir führen Schulungen durch - Name der Stadt, Bevölkerung:

Chisinau	635 994

Die Schulungstermine finden Sie unter www.tradewyx.com.

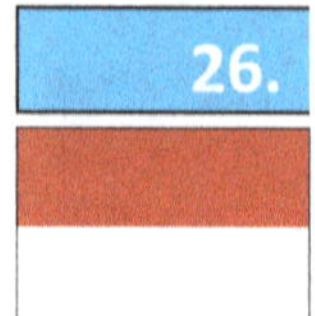

Europa - Monaco

Hauptstadt:Monaco Ville
Einwohnerzahl:37 000
Sprache:Französisch

Wir haben keine Marktplatz-App in Monaco gefunden.

Unternehmen und Bürger aus Monaco können ihre Produkte in jedes der 78 in Kapitel 4 aufgeführten Länder verkaufen (exportieren).

In Monaco veranstalten wir regelmäßig Schulungen zur Verbesserung der Exporte durch die Nutzung des Marktplatzes in verschiedenen Ländern.

Wir bieten Schulungen an - Name der Stadt, Bevölkerung:

Monaco	32 965

Die Schulungstermine finden Sie unter www.tradewyx.com.

Europa - Deutschland

Hauptstadt: Berlin
Einwohnerzahl: 83 000 000
Sprache: Deutsch

In Deutschland haben wir die folgenden Marktplatz-Apps gefunden:
www.amazon.de, www.kaufland.de

Verkaufen Sie Ihre Produkte über die oben genannten Marktplatz-Apps?
 Und welche Produkte verkaufen
Sie? ....

Unternehmen und Bürger aus Deutschland können ihre Produkte in jedes
der 77 in Kapitel 4 aufgeführten Länder verkaufen (exportieren).

In Deutschland veranstalten wir regelmäßig Schulungen, in denen wir
beschreiben, wie man den Export über den Marktplatz in verschiedenen
Ländern verbessern kann.

Wir bieten Schulungen an - Name der Stadt, Bevölkerung:

Berlin	3 426 354	Düsseldorf	573 057
Hamburg	1 739 117	Bremen	546 501
München	1 260 391	Hannover	515 144
Köln	963 395	Leipzig	504 971
Frankfurt am Main	650 000	Duisburg	504 358
Essen	593 085	Nuernberg	499 237
Stuttgart	589 793	Dresden	486 854
Dortmund	588 462		

Die Schulungstermine finden Sie unter www.tradewyx.com.

28. Europa - Niederlande

Hauptstadt: Amstredam
Einwohnerzahl: 17 500 000
Sprache: Niederländisch

In den Niederlanden haben wir die folgenden Marktplatz-Apps gefunden:
www.amazon.nl, www.bol.com

Verkaufen Sie Ihre Produkte über die oben genannten Marktplatz-Apps?
 Und welche Produkte verkaufen
Sie? ....

Unternehmen und Bürger aus den Niederlanden können ihre Produkte in jedes der 77 in Kapitel 4 aufgeführten Länder verkaufen (exportieren).

In den Niederlanden veranstalten wir regelmäßig Schulungen, in denen wir beschreiben, wie man den Export mit Hilfe des Marktplatzes in verschiedenen Ländern verbessern kann.

Wir führen die Schulung durch - Name der Stadt, Anzahl der Einwohner:

Amsterdam	741 636
Rotterdam	598 199
Den Haag	474 292

Die Schulungstermine finden Sie unter www.tradewyx.com.

Europa - Norwegen

Hauptstadt: Oslo
Einwohnerzahl: 5 400 000
Sprache: Norwegisch

In Norwegen haben wir die folgenden Marktplatz-Apps gefunden:
www.cdon.com, www.komplett.no

Verkaufen Sie Ihre Produkte über die oben genannten Marktplatz-Apps?
Und welche Produkte verkaufen
Sie? ....

Unternehmen und Bürger aus Norwegen können ihre Produkte in jedes
der 77 in Kapitel 4 aufgeführten Länder verkaufen (exportieren).

In Norwegen halten wir regelmäßig Schulungen ab, in denen wir
beschreiben, wie die Exporte mit Hilfe des Marktplatzes in verschiedenen
Ländern verbessert werden können.

Wir führen die Schulungen durch - Name der Stadt, Anzahl der Einwohner:

Oslo	580 000

Die Schulungstermine finden Sie unter www.tradewyx.com.

<table>
<tr><td>30.</td><td>**Europa - Polen**</td></tr>
</table>

30. Europa - Polen

Hauptstadt: Warschau
Einwohnerzahl: 37 800 000
Sprache: Polnisch

In Polen haben wir die folgenden Marktplatz-Apps gefunden:
www.ceneo.pl, www.allegro.pl, www.carrefour.pl

Verkaufen Sie Ihre Produkte über die oben genannten Marktplatz-Apps? Und welche Produkte verkaufen
Sie? ....

Unternehmen und Bürger aus Polen können ihre Produkte in jedes der 77 in Kapitel 4 aufgeführten Länder verkaufen (exportieren).

In Polen veranstalten wir regelmäßig Schulungen, in denen wir beschreiben, wie man den Export über den Marktplatz in verschiedenen Ländern verbessern kann.

Wir führen Schulungen durch - Name der Stadt, Anzahl der Einwohner:

Warschau	1 702 139
Lodz	768 755
Krakau	755 054
Breslau	634 893
Poznan	570 352
Danzig	461 865

Die Schulungstermine finden Sie unter www.tradewyx.com.

31. Europa - Portugal

Hauptstadt: Lissabon
Einwohnerzahl: 10 300 000
Sprache: Portugiesisch

In Portugal haben wir die folgenden Marktplatz-Anwendungen gefunden:
www.fnac.com,www.worten.pt

Verkaufen Sie Ihre Produkte über die oben genannten Marktplatz-Apps?
 Und welche Produkte verkaufen
Sie? ....

Unternehmen und Bürger aus Portugal können ihre Produkte in jedes der 77 in Kapitel 4 aufgeführten Länder verkaufen (exportieren).

In Portugal veranstalten wir regelmäßig Schulungen, in denen beschrieben wird, wie man den Export über den Marktplatz in verschiedenen Ländern verbessern kann.

Wir bieten Schulungen an - Name der Stadt, Bevölkerung:

| Lissabon | 517 802 |
| Porto | 249 633 |

Die Schulungstermine finden Sie unter www.tradewyx.com.

Europa - Österreich

Hauptstadt: Wien
Einwohnerzahl: 8 900 000
Sprache: Deutsch

In Österreich haben wir die folgenden Marktplatz-Apps gefunden:
www.amazon.de,www.alza.at

Verkaufen Sie Ihre Produkte über die oben genannten Marktplatz-Apps? Und welche Produkte verkaufen
Sie? ....

Unternehmen und Bürger aus Österreich können ihre Produkte in jedes der 77 in Kapitel 4 aufgeführten Länder verkaufen (exportieren).

In Österreich veranstalten wir regelmäßig Schulungen, in denen wir beschreiben, wie der Export durch die Nutzung der Marktplätze in verschiedenen Ländern verbessert werden kann.

Wir bieten Schulungen an - Name der Stadt, Anzahl der Einwohner:

Wien	1 691 468
Graz	222 326

Die Schulungstermine finden Sie unter
www.tradewyx.com.

Europa - Rumänien

Hauptstadt: Bukarest
Einwohnerzahl: 19 200 000
Sprache: Rumänisch

In Rumänien haben wir die folgenden Marktplatz-Apps gefunden:
www.emag.ro,www.cel.ro,www.okazii.ro

Verkaufen Sie Ihre Produkte über die oben genannten Marktplatz-Apps?
Und welche Produkte verkaufen
Sie? ....

Unternehmen und Bürger aus Rumänien können ihre Produkte in jedes der 77 in Kapitel 4 aufgeführten Länder verkaufen (exportieren).

In Rumänien veranstalten wir regelmäßig Schulungen zur Verbesserung der Exporte durch die Nutzung des Marktplatzes in verschiedenen Ländern.

Wir bieten Schulungen an - Name der Stadt, Bevölkerung:

Bukarest	1 877 155

Die Schulungstermine finden Sie unter www.tradewyx.com.

Europa - Russland

Hauptstadt: moskau
Einwohnerzahl: 143 500 000
Sprache: russisch

In Russland haben wir die folgenden Marktplatz-Apps gefunden:
**www.wildberries.ru,www.ozon.ru,www.eldorado.ru,www.mvideo.ru,
www.market.yandex**

Verkaufen Sie Ihre Produkte über die oben genannten Marktplatz-Apps?
 Und welche Produkte verkaufen
Sie? ....

Unternehmen und Bürger aus Russland können ihre Produkte in jedes der
77 in Kapitel 4 aufgeführten Länder verkaufen (exportieren).

In Russland veranstalten wir regelmäßig Schulungen, in denen wir
beschreiben, wie man den Export über Marktplätze in verschiedenen
Ländern verbessern kann.

Wir führen Schulungen durch - Name der Stadt, Bevölkerung:

Moskau	10 381 222	Rostow am Don	1 074 482
St. Petersburg	5 028 000	Tscheljabinsk	1 062 919
Nowosibirsk	1 419 007	Ufa	1 033 338
Jekaterinburg	1 349 772	Wolgograd	1 011 417
Nischni Nowgorod	1 284 164	Zulässig	982 419
Samara	1 134 730	Krasnojarsk	927 322
Omsk	1 129 281	Saratow	863 725
Kasan	1 104 738	Voronezh	848 852

Tol'yatti	702 879	Orenburg	550 204
Krasnodar	649 851	Novokuznetsk	539 616
Uljanowsk	640 684	Rjasan	520 173
Izhevsk	633 038	Ťumeň	519 119
Jaroslawl	606 734	Lipezk	515 655
Barnaul	599 579	Penza	512 602
Wladiwostok	587 022	Naberezhnye Chelny	509 877
Irkutsk	586 695		
Chabarowsk	579 883		
Chabarowsk Wtoroj	578 303		

Die Schulungstermine finden Sie unter www.tradewyx.com.

Europa - Griechenland

Hauptstadt: Athen
Einwohnerzahl: 10 640 000
Sprache: Griechisch

In Griechenland haben wir die folgenden Marktplatz-Anwendungen gefunden:

www.skroutz.gr,www.public.gr,www.plaisio.gr

Verkaufen Sie Ihre Produkte über die oben genannten Marktplatz-Apps? Und welche Produkte verkaufen
Sie? ....

Unternehmen und Bürger aus Griechenland können ihre Produkte in jedes der 77 in Kapitel 4 aufgeführten Länder verkaufen (exportieren).

In Griechenland organisieren wir regelmäßig Schulungen, in denen wir beschreiben, wie die Exporte durch die Nutzung der Marktplätze in verschiedenen Ländern verbessert werden können.

Wir bieten Schulungen an - Name der Stadt, Bevölkerung:

Athen	664 046
Thessaloniki	354 293

Die Schulungstermine finden Sie unter www.tradewyx.com.

<table><tr><td>36.</td><td>**Europa - San Marino**</td></tr></table>

Hauptstadt: San Marino
Einwohnerzahl: 33 471
Sprache: italienisch

Wir haben im Bundesstaat San Marino keine Marktplatz-Apps gefunden.

Unternehmen und Bürger aus San Marino können ihre Produkte in jedes der 78 in Kapitel 4 aufgeführten Länder verkaufen (exportieren).

<table>
<tr><td>**37.**</td><td>**Europa - Slowakei**</td></tr>
</table>

Hauptstadt: Bratislava
Einwohnerzahl: 5 400 000
Sprache: Slowakisch

In der Slowakei haben wir die folgenden Marktplatz-Apps gefunden:
www.alza.sk,www.mall.sk, www.kaufland.sk

Verkaufen Sie Ihre Produkte über die oben genannten Marktplatz-Apps?
 Und welche Produkte verkaufen
Sie? ....

Unternehmen und Bürger aus der Slowakei können ihre Produkte in jedes der 77 in Kapitel 4 aufgeführten Länder verkaufen (exportieren).

In der Slowakei veranstalten wir regelmäßig Schulungen, in denen wir beschreiben, wie man den Export über den Marktplatz in verschiedenen Ländern verbessern kann.

Wir bieten Schulungen an - Name der Stadt, Anzahl der Einwohner:

Bratislava	423 737
Kosice	236 563

Die Schulungstermine finden Sie unter www.tradewyx.com.

Europa - Slowenien

Hauptstadt: Ljubljana
Einwohnerzahl: 2 100 000
Sprache: slowenisch

In Slowenien haben wir die folgenden Marktplatz-Apps gefunden:
www.ceneje.si

Verkaufen Sie Ihre Produkte über die oben genannten Marktplatz-Apps?
 Und welche Produkte verkaufen
Sie? ....

Unternehmen und Bürger aus Slowenien können ihre Produkte in jedes
der 77 in Kapitel 4 aufgeführten Länder verkaufen (exportieren).

In Slowenien veranstalten wir regelmäßig Schulungen, in denen
beschrieben wird, wie man den Export über den Marktplatz in
verschiedenen Ländern verbessern kann.

Wir bieten Schulungen an - Name der Stadt, Anzahl der Einwohner:

Lubljana	272 220

Die Schulungstermine finden Sie unter
www.tradewyx.com.

Hauptstadt: London
Einwohnerzahl: 67 300 000
Sprache: Englisch

Im Vereinigten Königreich haben wir die folgenden Marktplatzanwendungen gefunden:

www.argos.co.uk,www.amazon.com

Verkaufen Sie Ihre Produkte über die oben genannten Marktplatz-Apps? Und welche Produkte verkaufen Sie? ....

Britische Unternehmen und Bürger können ihre Produkte in jedes der 77 in Kapitel 4 aufgeführten Länder verkaufen (exportieren).

Im Vereinigten Königreich führen wir regelmäßig Schulungen durch, in denen wir aufzeigen, wie der Export über Marktplätze in verschiedenen Ländern verbessert werden kann.

Wir bieten Schulungen an - Name der Stadt, Bevölkerung:

London	7 556 900	Glasgow	591 624
Birmingham	984 333	Leicester	508 916
Liverpool	864 122	Edinburgh	464 993
Nottingham	729 977	Leeds	455 123
Sheffield	685 368	Cardiff	447 287
Bristol	617 284	Manchester	395 515

Die Schulungstermine finden Sie unter
www.tradewyx.com.

40. Europa - Serbien

Hauptstadt: Belgrad
Einwohnerzahl: 6 800 000
Sprache: Serbisch

In Serbien haben wir die folgenden Marktplatz-Apps gefunden:
www.kupindo.com

Verkaufen Sie Ihre Produkte über die oben genannten Marktplatz-Apps?
 Und welche Produkte verkaufen
Sie? ....

Unternehmen und Bürger aus Serbien können ihre Produkte in jedes der 77 in Kapitel 4 aufgeführten Länder verkaufen (exportieren).

In Serbien veranstalten wir regelmäßig Schulungen, in denen wir beschreiben, wie man die Exporte mit Hilfe des Marktplatzes in verschiedenen Ländern verbessern kann.

Wir führen die Ausbildung durch - Name der Stadt, Anzahl der Einwohner:

Belgrad	1 273 651

Die Schulungstermine finden Sie unter www.tradewyx.com.

41. Europa - Schweden

Hauptstadt: Stockohlm
Einwohnerzahl: 10 420 000
Sprache: Schwedisch

In Schweden haben wir die folgenden Marktplatz-Apps gefunden:

www.amazon.se,www.cdon.com

Verkaufen Sie Ihre Produkte über die oben genannten Marktplatz-Apps?
Und welche Produkte verkaufen
Sie? ....

Unternehmen und Bürger aus Schweden können ihre Produkte in jedes der 77 in Kapitel 4 aufgeführten Länder verkaufen (exportieren).

In Schweden veranstalten wir regelmäßig Schulungskurse, in denen wir beschreiben, wie man den Export mit Hilfe des Marktplatzes in verschiedenen Ländern verbessern kann.

Wir führen Schulungen durch - Name der Stadt, Bevölkerung:

Stockholm	1 515 017
Göteborg	572 799
Malmoe	301 706

Die Schulungstermine finden Sie unter www.tradewyx.com.

Europa - Spanien

Hauptstadt: Madrid
Einwohnerzahl: 47 400 000
Sprache: spanisch

In Spanien haben wir die folgenden Marktplatz-Apps gefunden:
www.amazon.es,www.temu.com

Verkaufen Sie Ihre Produkte über die oben genannten Marktplatz-Apps?
 Und welche Produkte verkaufen
Sie? ....

Unternehmen und Bürger aus Spanien können ihre Produkte in jedes der 77 in Kapitel 4 aufgeführten Länder verkaufen (exportieren).

In Spanien veranstalten wir regelmäßig Schulungen, in denen beschrieben wird, wie man den Export über den Marktplatz in verschiedenen Ländern verbessern kann.

Wir bieten Schulungen an - Name der Stadt, Bevölkerung:

Madrid	3 255 944
Barcelona	1 621 537
Valencia	814 208
Sevilla	703 206
Zaragoza	674 317
Malaga	568 305

Die Schulungstermine finden Sie unter
www.tradewyx.com.

Europa - Schweiz

Hauptstadt: Bern
Einwohnerzahl: 8 700 000
Sprache: Deutsch

In der Schweiz haben wir die folgenden Marktplatz-Apps gefunden:
www.brack.ch,www.digitech.ch

Verkaufen Sie Ihre Produkte über die oben genannten Marktplatz-Apps?
 Und welche Produkte verkaufen
Sie? ....

Unternehmen und Bürger aus der Schweiz können ihre Produkte in jedes der 77 in Kapitel 4 aufgeführten Länder verkaufen (exportieren).

In der Schweiz veranstalten wir regelmäßig Schulungen, in denen wir beschreiben, wie man den Export über den Marktplatz in verschiedenen Ländern verbessern kann.

Wir bieten Schulungen an - Name der Stadt, Bevölkerung:

Zürich	341 734

Die Schulungstermine finden Sie unter
www.tradewyx.com.

44. Europa - Ukraine

Hauptstadt: Kiew
Einwohnerzahl: 43 600 000
Sprache: ukrainisch

In der Ukraine haben wir die folgenden Marktplatzanwendungen gefunden:

www.rozetka.com.ua,www.prom.ua,www.ria.com,www.epicentrk.ua

Verkaufen Sie Ihre Produkte über die oben genannten Marktplatz-Apps? Und welche Produkte verkaufen
Sie? ....
Unternehmen und Bürger aus der Ukraine können ihre Produkte in jedes der 77 in Kapitel 4 aufgeführten Länder
verkaufen (exportieren).

In der Ukraine veranstalten wir regelmäßig Schulungen, in denen wir beschreiben, wie man den Export über Marktplätze in verschiedenen Ländern verbessern kann.

Wir führen Schulungen durch - Name der Stadt, Bevölkerung:

Kiew	2 797 553
Charkiw	1 430 885

Die Schulungstermine finden Sie unter www.tradewyx.com.

Europa - Vatikanstadt

Hauptstadt: Vatikanstadt

Einwohnerzahl: 825

Sprache: italienisch

Wir konnten keine Marktplatz-App im Vatikanstaat finden.

Unternehmen und Bürger aus dem Staat Vatikanstadt können ihre Produkte in jedes der 78 in Kapitel 4 aufgeführten Länder verkaufen (exportieren).

Asien

Fläche: 44 603 582 km2

Einwohnerzahl: 4 300 000 000

48 autonome Staaten

(Russland ist unter Europa aufgeführt)

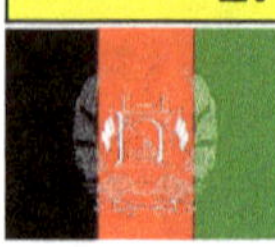

Asien - Afghanistan

Hauptstadt: Kabul
Einwohnerzahl: 40 100 000
Sprache: Persisch

Wir haben in Afghanistan keine Marktplatzanwendung gefunden.

Unternehmen und Bürger aus dem Staat Afghanistan können ihre Produkte in jedes der 78 in Kapitel 4 aufgeführten Länder verkaufen (exportieren).

In Afghanistan veranstalten wir regelmäßig Schulungen, in denen wir aufzeigen, wie die Exporte durch die Nutzung des Marktplatzes in verschiedenen Ländern verbessert werden können.

Wir führen Schulungen durch - Name der Stadt, Bevölkerung:

Kabul	3 043 532

Die Schulungstermine finden Sie unter www.tradewyx.com.

<table>
<tr><td>2.</td><td>

Asien - Armenien
</td></tr>
</table>

Hauptstadt: Eriwan
Einwohnerzahl: 2 700 000
Sprache: Armenisch

Wir haben keine Marktplatz-App im Staat Armenien gefunden.

Unternehmen und Bürger aus Armenien können ihre Produkte in jedes der 78 in Kapitel 4 aufgeführten Länder verkaufen (exportieren).

In Armenien führen wir regelmäßig Schulungen durch, in denen beschrieben wird, wie die Ausfuhren über den Marktplatz in verschiedenen Staaten verbessert werden können.

Wir führen Schulungen durch - Name der Stadt, Bevölkerung:

Eriwan	1 093 485

Die Schulungstermine finden Sie unter www.tradewyx.com.

<table>
<tr><td>**3.**</td><td>

Asien - Aserbaidschan

</td></tr>
</table>

Hauptstadt: Baku
Einwohnerzahl: 10 100 000
Sprache: Aserbaidschanisch

Wir haben im Staat Aserbaidschan keine Marktplatz-App gefunden.

Unternehmen und Bürger des Staates Aserbaidschan können ihre Produkte in jedes der 78 in Kapitel 4 aufgeführten Länder verkaufen (exportieren).

In Aserbaidschan veranstalten wir regelmäßig Schulungen, in denen wir beschreiben, wie man den Export über den Marktplatz in verschiedenen Ländern verbessern kann.

Wir führen Schulungen durch - Name der Stadt, Bevölkerung:

Baku	1 116 513

Die Schulungstermine finden Sie unter www.tradewyx.com.

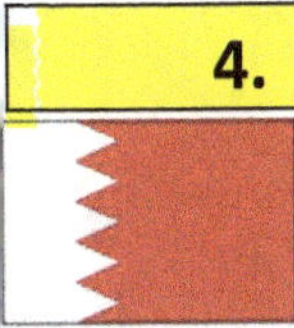

<table>
<tr><td>**4.**</td><td>**Asien - Bahrain**</td></tr>
</table>

Hauptstadt: Manama
Einwohnerzahl: 1 450 000
Sprache: Arabisch

Wir haben im Staat Bahrain keine Marktplatz-App gefunden.

Bahrainische Unternehmen und Bürger können ihre Produkte in jedes der 78 in Kapitel 4 aufgeführten Länder verkaufen (exportieren).

In Bahrain führen wir regelmäßig Schulungen durch, um zu erläutern, wie die Exporte durch die Nutzung des Marktplatzes in verschiedenen Staaten verbessert werden können.

Wir führen Schulungen durch - Name der Stadt, Bevölkerung:

Manama	147 074

Die Schulungstermine finden Sie unter www.tradewyx.com.

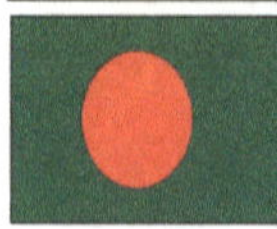

Asien - Bangladesch

Hauptstadt: Dhaka
Einwohnerzahl: 169 000 000
Sprache: Bengali

Im Staat Bangladesch haben wir die folgenden Marktplatz-Apps gefunden:
www.clickbd.com

Verkaufen Sie Ihre Produkte über die oben genannten Marktplatz-Apps?
 Und welche Produkte verkaufen
Sie? ....

Unternehmen und Bürger aus Bangladesch können ihre Produkte in jedes der 77 in Kapitel 4 aufgeführten Länder verkaufen (exportieren).

In Bangladesch veranstalten wir regelmäßig Schulungen, in denen wir beschreiben, wie man die Exporte mit Hilfe des Marktplatzes in verschiedenen Staaten verbessern kann.

Wir führen Schulungen durch - Name der Stadt, Bevölkerung:

Dhaka	10 356 500
Chittagong	3 920 222
Khulna	1 342 339
Rajshahi	700 133

Die Schulungstermine finden Sie unter www.tradewyx.com.

6. Asien - Bhutan

Hauptstadt: Thimphu
Einwohnerzahl: 700 000
Sprache: Dzongka, Englisch

Wir haben keine Marktplatz-App im Staat Bhutan gefunden.

Unternehmen und Bürger aus Bhutan können ihre Produkte in jedes der 78 in Kapitel 4 aufgeführten Länder verkaufen (exportieren).

In Bhutan führen wir regelmäßig Schulungen durch, um zu erläutern, wie die Exporte mithilfe von Marktplätzen in verschiedenen Staaten verbessert werden können.

Wir führen Schulungen durch - Name der Stadt, Bevölkerung:

Thimphu	98 676

Die Schulungstermine finden Sie unter www.tradewyx.com.

Asien - Brunei

Hauptstadt: Bandar Seri Begawan
Einwohnerzahl: 445 000
Sprache: Malaiisch

Wir haben in Brunei keine Marktplatz-Apps gefunden.

Unternehmen und Bürger aus Brunei können ihre Produkte in jedes der 78 in Kapitel 4 aufgeführten Länder verkaufen (exportieren).

In Brunei veranstalten wir regelmäßig Schulungen, in denen wir beschreiben, wie man die Exporte über die Marktplätze in verschiedenen Ländern verbessern kann.

Wir führen Schulungen durch - Name der Stadt, Bevölkerung:

Bandar Sari	64 409

Die Schulungstermine finden Sie unter www.tradewyx.com.

Asien - China

Hauptstadt: Peking
Einwohnerzahl: 1 412 692 357
Sprache: Chinesisch

In China haben wir die folgenden Marktplatz-Apps gefunden:
www.amazon.cn, www.jd.com, www.dhgate.com, www.taobao.com, www.tmall.com

Verkaufen Sie Ihre Produkte über die oben genannten Marktplatz-Apps?
 Und welche Produkte verkaufen
Sie? ....

Unternehmen und Bürger aus China können ihre Produkte in jedes der 77 in Kapitel 4 aufgeführten Länder verkaufen (exportieren).

In China führen wir regelmäßig Schulungen durch, um zu erläutern, wie die Exporte durch die Nutzung des Marktplatzes in verschiedenen Ländern verbessert werden können.

Wir führen Schulungen durch - Name der Stadt, Bevölkerung:

Shanghai	22 315 474	Chengdu	7 415 590
Peking	11 716 620	Nanjing	7 165 292
Tianjin	11 090 314	Nanchong	7 150 000
Guangzhou	11 071 424	Xi'an	6 501 190
Shenzhen	10 358 381	Shenyang	6 255 921
Wuhan	9 785 388	Hangzhou	6 241 971
Dongguan	8 000 000	Harbin	5 878 939
Chongqing	7 457 600	Tai'an	5 499 000

Suzhou	5 345 961	Yunfu	2 612 80
Shantou	5 329 024	Nanchang	2 357 83
Jinan	4 335 989	Dadonghai	2 000 00
Zhengzhou	4 253 913	Ordos	1 940 65
Changchun	4 193 073	Jilin	1 881 97
Dalian	4 087 733	Bayan Nur	1 760 00
Kunming	3 855 346	Kunshan	1 600 00
Qingdao	3 718 835	Xinyang	1 590 66
Foshan	3 600 000	Fushun	1 400 64
Puyang	3 590 000	Luoyang	1 390 58
Wuxi	3 543 719	Guankou	1 380 00
Xiamen	3 531 347	Handan	1 358 31
Tianshui	3 500 000	Baotou	1 301 76
Ningbo	3 491 597	Xuchang	1 265 53
Shiyan	3 460 000	Yueyang	1 200 00
Taiyuan	3 426 519	Anshan	1 199 27
Tangshan	3 372 102	Tongshan	1 199 19
Hefei	3 310 268	Fuzhou	1 179 72
Zibo	3 129 228	Guiyang	1 171 63
ZhongShan	3 121 275	Lijiang	1 137 60
Changsha	3 093 980	Datong	1 052 67
Urumqi	3 029 372	Changshu Stadt	1 047 70
Shijiazhuang	2 834 942	Xianyang	1 034 08
Lanzhou	2 628 426	Huainan	1 027 65

Jieyang	1 001 985	Zhangjiakou	692 602
Zhu Cheng Stadt	1 000 000	Zigong	689 961
Baoding	995 652	Fuxin	689 054
Benxi	987 717	Huangshi	688 093
Changzhou	949 018	Liaoyang	687 894
Huaibei	903 039	Xiangtan	674 189
Kaifeng	900 832	P. Chengguanzhen	666 322
Pingdingshan	889 675	Nantong	666 251
Qiqihar	882 364	Mudanjiang	665 915
Wenzhou	865 672	Guilin	649 352
Zhabei	840 823	Zhanjiang	637 794
Nanning	803 788	Zhenjiang	632 552
Anyang	781 129	Dandong	631 973
Hohhot	774 477	Shaoguan	628 749
Shangyu	770 839	Yancheng	628 441
Xining	767 531	Panshan	625 04č
Qinhuangdao	759 718	Haikou	615 835
Hengyang	759 602	Taizhou	612 356
Xinxiang	743 601	Xingtai	611 739
Hegang	743 307	Jinzhou	604 269
Langfang	720 119	Shuangyashan	600 432
Zhumadian	720 832	Luancheng	597 123
Yantai	719 332	Yingkou	591 159
Zhuzhou	709 358	Zhangzhou	589 831
Changzhi	699 514	Bengbu	576 648
Shihezi	572 772	Jiangmen	532 419

Siping	555 609	Cangzhou	527 68
Huai'an	555 223	Changde	517 78
Jiamusi	549 549	Jiaozuo	517 54
Neijiang	546 854	Tonghua	510 83
Yangzhou	539 715	Wuhu	507 52
Guli	536 832	Zhuhai	501 19
Tanggu	535 298	Shashi	498 78

Die Schulungstermine finden Sie unter
www.tradewyx.com.

<table>
<tr><td style="background:yellow">**9.**</td><td style="background:orange">## Asien - Philippinen</td></tr>
</table>

9. Asien - Philippinen

Hauptstadt: Manila
Einwohnerzahl: 113 200 000
Sprache: Philippinisch

Auf den Philippinen haben wir die folgenden Marktplatz-Apps gefunden:
www.lazada.com.ph,www.shopee.ph

Verkaufen Sie Ihre Produkte über die oben genannten Marktplatz-Apps?
 Und welche Produkte verkaufen
Sie? ....

Unternehmen und Bürger des Staates Philippinen können ihre Produkte in jedes der 77 in Kapitel 4 aufgeführten Länder verkaufen (exportieren).

Auf den Philippinen veranstalten wir regelmäßig Schulungen zur Verbesserung der Exporte durch die Nutzung des Marktplatzes in verschiedenen Ländern.

Wir führen Schulungen durch - Name der Stadt, Bevölkerung:

Quezon City	2 761 720	Taguig	644 473
Manila	1 600 000	Pasig-Stadt	617 301
Caloocan Stadt	1 500 000	Las Pinas	590 832
Budta	1 273 715	Antipolo	549 543
Davao	1 212 504	Makati-Stadt	510 383
Malingao	1 121 974		
Cebu-Stadt	798 634		
General Santos	679 588		

Die Schulungstermine finden Sie unter www.tradewyx.com.

Asien - Georgien

Hauptstadt: Tiflis
Einwohnerzahl: 3 700 000
Sprache: Georgisch

Im Bundesstaat Georgia haben wir die folgenden Marktplatz-Apps gefunden:

www.extra.ge

Verkaufen Sie Ihre Produkte über die oben genannten Marktplatz-Apps? Und welche Produkte verkaufen
Sie? ....

Unternehmen und Bürger aus dem Bundesstaat Georgien können ihre Produkte in jeden der 77 in Kapitel 4 aufgeführten Staaten verkaufen (exportieren).

Im Bundesstaat Georgia führen wir regelmäßig Schulungen durch, in denen beschrieben wird, wie die Ausfuhren über den Marktplatz in verschiedenen Bundesstaaten verbessert werden können.

Wir führen Schulungen durch - Name der Stadt, Bevölkerung:

Tiflis	1 049 498

Die Schulungstermine finden Sie unter www.tradewyx.com.

<table>
<tr><td colspan="2">11.</td><td colspan="2">Asien - Indien</td></tr>
</table>

Asien - Indien

Hauptstadt: Neu-Delhi

Einwohnerzahl: 1 400 500 000

Sprache: Hindi

Im Staat Indien haben wir die folgenden Marktplatz-Apps gefunden:
www.amazon.in, www.flipkart.com

Verkaufen Sie Ihre Produkte über die oben genannten Marktplatz-Apps?
Und welche Produkte verkaufen
Sie? ....

Unternehmen und Bürger aus Indien können ihre Produkte in jedes der 77 in Kapitel 4 aufgeführten Länder verkaufen (exportieren).

Im Bundesstaat Indien führen wir regelmäßig Schulungen durch, um zu erläutern, wie die Ausfuhren mithilfe des Marktplatzes in verschiedenen Bundesstaaten verbessert werden können.

Wir führen Schulungen durch - Name der Stadt, Bevölkerung:

Mumbai	12 691 836	Surat	2 894 504
Delhi	10 927 986	Kanpur	2 823 249
Bengaluru	5 104 047	Jaipur	2 711 758
Kolkata	4 631 392	Navi Mumbai	2 600 000
Chennai	4 328 063	Lucknow	2 472 011
Ahmedabad	3 719 710	Nagpur	2 228 018
Hyderabad	3 597 816	Indore	1 837 041

Pune	2 935 744	Patna	1 599 92
Bhopal	1 599 914	Aurangabad	1 016 44
Ludhiana	1 545 368	Shivaji Nagar	1 000 00
Tirunelveli	1 435 844	Solapur	997 28
Agra	1 430 055	Srinagar	975 85
Vadodara	1 409 476	Chandigarh	960 78
Gorakhpur	1 324 570	Coimbatore	959 82
Nashik	1 289 497	Jodhpur	921 47
Pimpri	1 284 606	Madurai	909 90
Kalyan	1 262 255	Guwahati	899 09
Thane	1 261 517	Gwalior	882 45
Meerut	1 223 184	Vijayawada	874 58
Nowrangapur	1 220 946	Mysore	868 31
Faridabad	1 220 229	Ranchi	846 45
Ghaziabad	1 199 191	Hubli	840 21
Dombivli	1 193 000	Jalandhar	785 17
Rajkot	1 177 362	Thiruvananthapuram	784 15
Varanasi	1 164 404	Salem	778 39
Amritsar	1 092 450	Tiruchirappalli	775 48
Allahabad	1 073 438	Kota	763 08
Visakhapatnam	1 063 178	Bhubaneshwar	762 24
Teni	1 034 724	Aligarh	753 20
Jabalpur	1 030 168	Bareilly	745 43
Haora	1 027 672	Moradabad	721 13

Bhiwandi	707 035	Durgapur	518 872
Raipur	679 995	Ajmer	517 911
Gorakhpur	674 246	Ulhasnagar	516 584
Bhilai	625 138	Kolhapur	516 142
Jamshedpur	616 338	Shiliguri	515 574
Borivli	609 617	Bilimora	510 879
Cochin	604 696	Karol Bagh	505 241
Amravati	603 837	Asansol	504 271
Sangli	601 214		
Cuttack	580 832		
Bikaner	576 015		
Warangal	557 802		
Bhavnagar	554 978		

Asien - Indonesien

Hauptstadt: Jakarta
Einwohnerzahl: 273 500 000
Sprache: Indonesisch

Im Staat Indonesien haben wir die folgenden Marktplatz-Apps gefunden:
www.lazada.co.id,www.shopee.co.id , www.jd.id

Verkaufen Sie Ihre Produkte über die oben genannten Marktplatz-Apps?
 Und welche Produkte verkaufen
Sie? ....

Unternehmen und Bürger aus dem Staat Indonesien können ihre Produkte
in jedes der 77 in Kapitel 4 aufgeführten Länder verkaufen (exportieren).

In Indonesien führen wir regelmäßig Schulungen durch, um zu erläutern,
wie die Exporte durch die Nutzung des Marktplatzes in verschiedenen
Staaten verbessert werden können.

Wir führen Schulungen durch - Name der Stadt, Bevölkerung:

Jakarta	8 540 121	Semarang	1 288 084
Surabaya	2 374 658	Depok	1 198 129
Medan	1 750 971	Batam	1 164 352
Bandung	1 699 719	Padang	840 352
Bekasi	1 520 119	Denpasar	834 881
Palembang	1 441 500	Bandar Lampung	800 348
Tangerang	1 372 124	Bogor	800 832
Makassar	1 321 717	Malang	746 716
Süd-Tangerang	1 303 569	Pekanbaru	703 956

Pekanbaru	703 956
Stadt Balikpapan	700 832
Yogyakarta	636 664
Situbondo	600 322
Banjarmasin	572 837
Surakarta	555 308

Die Schulungstermine finden Sie unter www.tradewyx.com.

Asien - Irak

Hauptstadt: Bagdad
Einwohnerzahl: 43 500 000
Sprache: Arabisch, Kurdisch

Wir haben im Irak keine Anwendung auf dem Marktplatz gefunden.

Unternehmen und Bürger des Staates Irak können ihre Produkte in jedes der 78 in Kapitel 4 aufgeführten Länder verkaufen (exportieren).

Wir halten regelmäßig Schulungen im Irak ab, um zu erläutern, wie die Exporte durch die Nutzung des Marktplatzes in verschiedenen Ländern verbessert werden können.

Wir führen Schulungen durch - Name der Stadt, Bevölkerung:

Bagdad	7 216 000
Basrah	2 600 000
Al Mawsil al Jadidah	2 065 597
Al Basrah al Qadimah	2 015 483
Mosul	1 739 800
Erbil	932 884
Abu Ghurayb	900 842
As-Sulaymaniyah	723 174
Kirkuk	601 433

Die Schulungstermine finden Sie unter www.tradewyx.com.

<table>
<tr><td>**14.**</td><td colspan="2">

Asien - Israel
</td></tr>
<tr><td></td><td colspan="2">

Hauptstadt: Jerusalem
Einwohnerzahl: 9 360 000
Sprache: Hebräisch
</td></tr>
</table>

Im Staat Israel haben wir die folgenden Marktplatz-Anwendungen gefunden:

www.wallashops.co.il

Verkaufen Sie Ihre Produkte über die oben genannten Marktplatz-Apps? Und welche Produkte verkaufen Sie? ....

Unternehmen und Bürger des Staates Israel können ihre Produkte in jedes der 77 in Kapitel 4 aufgeführten Länder verkaufen/exportieren.

Im Staat Israel veranstalten wir regelmäßig Schulungen, in denen wir beschreiben, wie man die Exporte über den Markt in verschiedenen Ländern verbessern kann.

Wir führen Schulungen durch - Name der Stadt, Bevölkerung:

Jerusalem	801 832
Tel Aviv	432 892

Die Schulungstermine finden Sie unter www.tradewyx.com.

<table><tr><td>**15.**</td><td>**Asien - Iran**</td></tr></table>

15. Asien - Iran

Hauptstadt: Teheran
Einwohnerzahl: 87 500 000
Sprache: Persisch

Wir haben im Irak keine Anwendung auf dem Marktplatz gefunden.

Unternehmen und Bürger des Staates Irak können ihre Produkte in jedes der 78 in Kapitel 4 aufgeführten Länder verkaufen (exportieren).

Wir halten regelmäßig Schulungen im Irak ab, um zu erläutern, wie die Exporte durch die Nutzung des Marktplatzes in verschiedenen Ländern verbessert werden können.

Wir führen Schulungen durch - Name der Stadt, Bevölkerung:

Teheran	7 153 309	Kahriz	766 70[…]
Mashhad	2 307 177	Kermanshah	621 14[…]
Isfahan	1 547 164	Rasht	594 59[…]
Karadsch	1 448 075	Kerman	577 51[…]
Tabriz	1 424 641	Orumiyeh	577 30[…]
Shiraz	1 249 942	Zahedan	551 98[…]
Qom	900 832	Hamadan	528 25[…]
Ahvaz	841 145	Azadshahr	514 10[…]
Zweigstelle Pasragad	787 878	Arak	503 64[…]

Die Schulungstermine finden Sie unter www.tradewyx.com.

<table>
<tr><td>16.</td><td>**Asien - Japan**</td></tr>
</table>

Hauptstadt: Tokio
Einwohnerzahl: 125 700 000
Sprache: Japanisch

Im Staat Japan haben wir die folgenden Marktplatz-Apps gefunden:
www.amazon.co.jp,www.rakuten.co.jp

Verkaufen Sie Ihre Produkte über die oben genannten Marktplatz-Apps?
Und welche Produkte verkaufen
Sie? ....

Unternehmen und Bürger aus Japan können ihre Produkte in jedes der 77
in Kapitel 4 aufgeführten Länder verkaufen (exportieren).

Wir halten regelmäßig Schulungen in Japan ab, um zu beschreiben, wie
man die Exporte mit Hilfe des Marktplatzes in verschiedenen Ländern
verbessern kann.

Wir bieten Schulungen an - Name der Stadt, Bevölkerung

Tokio	8 336 599	Kawasaki	1 306 785
Yokohama	3 574 443	Saitama	1 193 350
Osaka	2 592 413	Hiroshima	1 143 841
Nagoya	2 191 279	Yono	1 077 730
Sapporo	1 883 027	Sendai	1 063 103
Kobe	1 528 478	Kitakyushu	997 536
Kyoto	1 459 640	Chiba	919 729
Fukuoka	1 392 289	Sagt	782 339

Sagt	782 339
Shizuoka	701 561
Kumamoto	680 423
Okayama	639 652
Hamamatsu	605 098
Hachioji	579 399
Honcho	560 743
Kagoshima	555 352
Niigata	505 272

Die Schulungstermine finden Sie unter
www.tradewyx.com.

Asien - Jemen

Hauptstadt: Sanaa
Einwohnerzahl: 32 200 000
Sprache: Arabisch

Wir haben im Jemen keine Marktplatzanwendung gefunden.

Unternehmen und Bürger aus dem Jemen können ihre Produkte in jedes der 78 in Kapitel 4 aufgeführten Länder verkaufen (exportieren).

Im Jemen veranstalten wir regelmäßig Schulungen, in denen wir beschreiben, wie die Exporte mithilfe des Marktplatzes in verschiedenen Ländern verbessert werden können.

Wir führen Schulungen durch - Name der Stadt, Bevölkerung:

Sanaa	1 937 451
Al Hudaydah	617 871
Ta`izz	615 222
Aden	550 602

Die Schulungstermine finden Sie unter www.tradewyx.com.

18. Asien - Südkorea

Hauptstadt: Seoul
Einwohnerzahl: 51 740 000
Sprache: koreanisch

Im Staat Südkorea haben wir die folgenden Marktplatz-Apps gefunden:
www.global.gmarket.co.kr/Home/Main,www. auction.co.kr

Verkaufen Sie Ihre Produkte über die oben genannten Marktplatz-Apps? Und welche Produkte verkaufen
Sie? ....

Unternehmen und Bürger aus Südkorea können ihre Produkte in jedes der 77 in Kapitel 4 aufgeführten Länder verkaufen (exportieren).

In Südkorea halten wir regelmäßig Schulungen ab, in denen wir beschreiben, wie man die Exporte mit Hilfe des Marktplatzes in verschiedenen Staaten verbessern kann.

Wir führen Schulungen durch - Name der Stadt, Bevölkerung:

Seoul	10 349 312	Seongnam-si	1 031 935
Busan	3 678 555	Ulsan	962 865
Incheon	2 628 000	Bucheon-si	850 731
Daegu	2 566 540	Jeonju	711 424
Daejeon	1 475 221	Ansan-si	650 728
Gwangju	1 416 938	Cheongju-si	634 596
Suwon	1 242 724	Anyang-si	634 367
Goyang-si	1 073 069	Changwon	550 832

Die Schulungstermine finden Sie unter www.tradewyx.com.

Asien - Jordanien

Hauptstadt: Amman
Einwohnerzahl: 11.150.000
Sprache: Arabisch

Wir haben keine Marktplatz-App im Staat Jordanien gefunden.

Unternehmen und Bürger aus dem Staat Jordanien können ihre Produkte in jedes der 78 in Kapitel 4 aufgeführten Länder verkaufen (exportieren).

Im Staat Jordanien führen wir regelmäßig Schulungen durch, in denen wir beschreiben, wie die Ausfuhren mithilfe des Marktplatzes in verschiedenen Staaten verbessert werden können.

Wir führen Schulungen durch - Name der Stadt, Bevölkerung:

Amman	1 275 857
Zarqa	792 665

Die Schulungstermine finden Sie unter www.tradewyx.com.

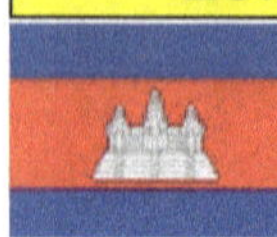

20. Asien - Kambodscha

Hauptstadt: Phnom Penh
Bevölkerung: 16 590 000
Sprache: khmer, französisch

Wir haben keine Marktplatz-App in Kambodscha gefunden.

Kambodschanische Unternehmen und Bürger können ihre Produkte in jedes der 78 in Kapitel 4 aufgeführten Länder verkaufen (exportieren).

In Kambodscha führen wir regelmäßig Schulungen durch, um zu erläutern, wie die Exporte durch die Nutzung des Marktplatzes in verschiedenen Ländern verbessert werden können.

Wir führen Schulungen durch - Name der Stadt, Bevölkerung:

Phnom Penh	1 573 544
Takeo	843 931

Die Schulungstermine finden Sie unter www.tradewyx.com.

Asien - Katar

Hauptstadt: Doha
Einwohnerzahl: 2 680 000
Sprache: Arabisch

Wir haben im Staat Katar keine Marktplatz-App gefunden.

Unternehmen und Bürger des Staates Katar können ihre Produkte in jedes der 78 in Kapitel 4 aufgeführten Länder verkaufen (exportieren).

Wir halten regelmäßig Schulungen im Staat Katar ab, in denen wir beschreiben, wie die Exporte über die Marktplätze in den verschiedenen Staaten verbessert werden können.

Wir führen Schulungen durch - Name der Stadt, Bevölkerung:

Dachau	344 939

Die Schulungstermine finden Sie unter www.tradewyx.com.

22. Asien - Kasachstan

Hauptstadt: Astana

Einwohnerzahl: 19 000 000

Sprache: Kasachisch

Wir konnten keine Marktplatz-App im Staat Kasachstan finden.

Unternehmen und Bürger aus Kasachstan können ihre Produkte in jedes der 78 in Kapitel 4 aufgeführten Länder verkaufen (exportieren).

In Kasachstan veranstalten wir regelmäßig Schulungen, in denen wir beschreiben, wie man den Export über Marktplätze in verschiedenen Ländern verbessern kann.

Wir führen Schulungen durch - Name der Stadt, Bevölkerung:

Almaty	2 000 900

Die Schulungstermine finden Sie unter www.tradewyx.com.

Asien - Kuwait

Hauptstadt: Kuwait
Einwohnerzahl: 4 250 000
Sprache: Arabisch

Wir haben keine Marktplatz-App im Staat Kuwait gefunden.

Unternehmen und Bürger aus dem Staat Kuwait können ihre Produkte in jedes der 78 in Kapitel 4 aufgeführten Länder verkaufen (exportieren).

In Kuwait führen wir regelmäßig Schulungen durch, um zu erläutern, wie die Exporte durch die Nutzung der Marktplätze in verschiedenen Ländern verbessert werden können.

Wir führen Schulungen durch - Name der Stadt, Bevölkerung:

Kuwait-Stadt	637 411

Die Schulungstermine finden Sie unter www.tradewyx.com.

24. Asien - Zypern

Hauptstadt: Nikosia
Einwohnerzahl: 1 240 000
Sprache: Griechisch

Wir haben auf Zypern keine Marktplatz-Apps gefunden.

Unternehmen und Bürger aus Zypern können ihre Produkte in jedes der 78 in Kapitel 4 aufgeführten Länder verkaufen (exportieren).

In Zypern veranstalten wir regelmäßig Schulungen, in denen wir beschreiben, wie man den Export über die Marktplätze in verschiedenen Ländern verbessern kann.

Wir bieten Schulungen an - Name der Stadt, Bevölkerung:

Nikosia	200 452

Die Schulungstermine finden Sie unter www.tradewyx.com.

Asien - Kirgisistan

Hauptstadt: Bischkek
Einwohnerzahl: 6 690 000
Sprache: Kirgisisch

Wir konnten keine Marktplatz-App in Kirgisistan finden.

Unternehmen und Bürger aus Kirgisistan können ihre Produkte in jedes der 78 in Kapitel 4 aufgeführten Länder verkaufen (exportieren).

In Kirgisistan veranstalten wir regelmäßig Schulungen zur Verbesserung der Exporte durch die Nutzung des Marktplatzes in verschiedenen Staaten.

Wir führen Schulungen durch - Name der Stadt, Bevölkerung:

Biskek	900 000

Die Schulungstermine finden Sie unter www.tradewyx.com.

Asien - Laos

Hauptstadt: Vientiane
Einwohnerzahl: 7 400 000
Sprache: Laotisch

Wir haben in Laos keine Marktplatz-App gefunden.

Laotische Unternehmen und Bürger können ihre Produkte in jedes der 78 in Kapitel 4 aufgeführten Länder verkaufen/exportieren.

In Laos führen wir regelmäßig Schulungen durch, um zu erläutern, wie die Exporte mit Hilfe des Marktplatzes in verschiedenen Ländern verbessert werden können.

Wir führen Schulungen durch - Name der Stadt, Bevölkerung:

Vientiane	196 731

Die Schulungstermine finden Sie unter www.tradewyx.com.

<table>
<tr><td>27.</td><td></td></tr>
</table>

Asien - Libanon

Hauptstadt: Beirut
Einwohnerzahl: 5 590 000
Sprache: Arabisch

Wir haben im Libanon keine Marktplatzanwendung gefunden.

Unternehmen und Bürger aus dem Libanon können ihre Produkte in jedes der 78 in Kapitel 4 aufgeführten Länder verkaufen/exportieren.

Im Libanon veranstalten wir regelmäßig Schulungen, in denen wir beschreiben, wie man die Exporte über den Marktplatz in verschiedenen Ländern verbessern kann.

Wir führen Schulungen durch - Name der Stadt, Bevölkerung:

Beirut	1 916 100
Ra's Bayrut	1 251 739

Die Schulungstermine finden Sie unter www.tradewyx.com.

Asien - Malaysia

Hauptstadt: Kuala Lumpur
Einwohnerzahl: 33 570 000 Malaiisch
Sprache: malaiisch

In Malaysia haben wir die folgenden Marktplatz-Apps gefunden:
**www.lazada.com.my,www.shopee.com.my , www.prestomall.com,
www.lelong.com.my**

Verkaufen Sie Ihre Produkte über die oben genannten Marktplatz-Apps?
 Und welche Produkte verkaufen
Sie? ....

Unternehmen und Bürger aus Malaysia können ihre Produkte in jedes der
77 in Kapitel 4 aufgeführten Länder verkaufen (exportieren).

In Malaysia veranstalten wir regelmäßig Schulungen, in denen wir
beschreiben, wie man die Exporte mit Hilfe des Marktplatzes in
verschiedenen Staaten verbessern kann. r
Wir führen Schulungen durch - Name der Stadt, Bevölkerung:

Kota Bharu	1 459 994
Kuala Lumpur	1 453 975
Klang	879 867
Kampung Baru Subang	833 571
Johor Bahru	802 489
Subang Jaya	708 296
Ipoh	673 318
Kuching	570 407
Petaling Jaya	520 698

Die Schulungstermine finden Sie unter www.tradewyx.com.

<table>
<tr><td>**29.**</td><td>**Asien - Malediven**</td></tr>
</table>

Hauptstadt: Male
Bevölkerung: 521 572
Sprache: Maledivisch

Wir haben keine Marktplatz-App im Staat Malediven gefunden.

Unternehmen und Bürger der Malediven können ihre Produkte in jedes der 78 in Kapitel 4 aufgeführten Länder verkaufen (exportieren).

Auf den Malediven führen wir regelmäßig Schulungen durch, um zu erläutern, wie die Exporte durch die Nutzung der Marktplätze in verschiedenen Ländern verbessert werden können.

Wir führen Schulungen durch - Name der Stadt, Bevölkerung:

Männlich	103 693

Die Schulungstermine finden Sie unter www.tradewyx.com.

<table>
<tr><td>30.</td><td>

Asien - Mongolei

</td></tr>
</table>

Hauptstadt: Ulaanbaatar

Einwohnerzahl: 3 340 000

Sprache: Mongolisch

Wir haben in der Mongolei keine Marktplatz-App gefunden.

Unternehmen und Bürger aus der Mongolei können ihre Produkte in jedes der 78 in Kapitel 4 aufgeführten Länder verkaufen (exportieren).

In der Mongolei veranstalten wir regelmäßig Schulungen, in denen wir beschreiben, wie man die Exporte über den Marktplatz in verschiedenen Ländern verbessern kann.

Wir führen Schulungen durch - Name der Stadt, Bevölkerung:

Ulaanbaatar	844 818

Die Schulungstermine finden Sie unter www.tradewyx.com.

Asien - Myanmar

Hauptstadt:Neipyijto
Einwohnerzahl:53 800 000
Sprache:Birmanisch

Wir haben in Myanmar keine Marktplatz-App gefunden.

Unternehmen und Bürger Myanmars können ihre Produkte in jedes der 78 in Kapitel 4 aufgeführten Länder verkaufen (exportieren).

In Myanmar führen wir regelmäßig Schulungen durch, um zu erläutern, wie die Exporte durch die Nutzung des Marktplatzes in den verschiedenen Bundesstaaten verbessert werden können.

Wir führen Schulungen durch - Name der Stadt, Bevölkerung:

Yangon	4 477 638
Mandalay	1 208 099
Nay Pyi Taw	925 842

Die Schulungstermine finden Sie unter www.tradewyx.com.

32. Asien - Nepal

Hauptstadt: Kathmandu
Einwohnerzahl: 30 300 000
Sprache: Nepali

Wir haben keine Marktplatz-App im Staat Nepal gefunden.

Unternehmen und Bürger aus Nepal können ihre Produkte in jedes der 78 in Kapitel 4 aufgeführten Länder verkaufen (exportieren).

In Nepal veranstalten wir regelmäßig Schulungen zur Verbesserung der Exporte über den Marktplatz in verschiedenen Bundesstaaten.

Wir führen Schulungen durch - Name der Stadt, Bevölkerung:

Kathmandu	1 442 271

Die Schulungstermine finden Sie unter www.tradewyx.com.

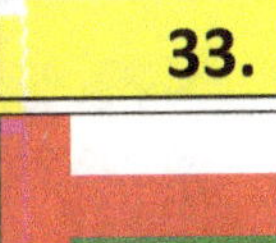

Asien - Oman

Hauptstadt: Muscat
Einwohnerzahl: 4 520 000
Sprache: Arabisch

Wir haben im Oman keine Marktplatz-App gefunden.

Unternehmen und Bürger aus dem Staat Oman können ihre Produkte in jedes der 78 in Kapitel 4 aufgeführten Länder verkaufen (exportieren).

Im Staat Oman führen wir regelmäßig Schulungen durch, um zu erläutern, wie die Exporte durch die Nutzung des Marktplatzes in verschiedenen Staaten verbessert werden können.

Wir führen Schulungen durch - Name der Stadt, Bevölkerung:

Muscat	797 842

Die Schulungstermine finden Sie unter www.tradewyx.com.

Asien - Pakistan

Hauptstadt: Islamabad
Einwohnerzahl: 231 000 000
Sprache: udrisch

Wir konnten keine Marktplatz-App im Staat Pakistan finden.

Unternehmen und Bürger aus Pakistan können ihre Produkte in jedes der 78 in Kapitel 4 aufgeführten Länder verkaufen (exportieren).

In Pakistan veranstalten wir regelmäßig Schulungen, in denen wir beschreiben, wie der Export mit Hilfe von Marktplätzen in verschiedenen Bundesstaaten verbessert werden kann.

Wir führen Schulungen durch - Name der Stadt, Bevölkerung:

Karachi	11 624 219	Rahim Yar Khan	788 915
Lahore	6 310 888	Quetta	733 675
Faisalabad	2 506 595	Muzaffarabad	725 822
Rawalpindi	1 743 101	Battagramm	700 113
Multan	1 437 230	Heizkessel	640 842
Hyderabad	1 386 330	Islamabad	601 642
Gujranwala	1384471	Bahawalpur	552 607
Peshawar	1218773	Sargodha	542 603

Die Schulungstermine finden Sie unter www.tradewyx.com.

Asien - Saudi-Arabien

Hauptstadt: Riad
Einwohnerzahl: 35 950 000
Sprache: Arabisch

Im Staat Saudi-Arabien haben wir die folgenden Marktplatz-Apps gefunden:

www.amazon.sa

Verkaufen Sie Ihre Produkte über die oben genannten Marktplatz-Apps? Und welche Produkte verkaufen

Sie? ....

Unternehmen und Bürger aus Saudi-Arabien können ihre Produkte in jedes der 77 in Kapitel 4 aufgeführten Länder verkaufen (exportieren).

In Saudi-Arabien führen wir regelmäßig Schulungen durch, um zu erläutern, wie die Exporte durch die Nutzung des Marktplatzes in verschiedenen Ländern verbessert werden können.

Wir führen Schulungen durch - Name der Stadt, Bevölkerung:

Riyadh	4 205 961
Jeddah	2 867 446
Mekka	1 323 624
Medina	1 300 000
Sultanah	946 697
Dammam	768 602
Ta'if	530 848

Die Schulungstermine finden Sie unter www.tradewyx.com.

Asien - Nordkorea

Hauptstadt: Pjöngjang
Einwohnerzahl: 25 970 000
Sprache: koreanisch

Wir haben keine Marktplatz-App im Staat Nordkorea gefunden.

Unternehmen und Bürger aus Nordkorea können ihre Produkte in jedes der 78 in Kapitel 4 aufgeführten Länder verkaufen (exportieren).

Wir halten regelmäßig Schulungen in Nordkorea ab, um zu erläutern, wie man die Exporte über den Marktplatz in verschiedenen Ländern verbessern kann.

Wir führen Schulungen durch - Name der Stadt, Bevölkerung:

| Pjöngjang | 3 222 000 |
| Hamhung | 559 056 |

Die Schulungstermine finden Sie unter www.tradewyx.com.

Asien - Vereinigte Ar. Emirate

Hauptstadt: Abu Dhabi
Einwohnerzahl: 9 360 000
Sprache: Arabisch

In den Vereinigten Arabischen Emiraten haben wir die folgenden Marktplatz-Apps gefunden:

www.amazon.ae

Verkaufen Sie Ihre Produkte über die oben genannten Marktplatz-Apps? Und welche Produkte verkaufen Sie? ....

Unternehmen und Bürger aus den Vereinigten Arabischen Emiraten können ihre Produkte in jedes der 77 in Kapitel 4 aufgeführten Länder verkaufen (exportieren).

In den Vereinigten Arabischen Emiraten führen wir regelmäßig Schulungen durch, in denen wir erläutern, wie der Export über Marktplätze in verschiedenen Ländern verbessert werden kann.
Wir führen Schulungen durch - Name der Stadt, Bevölkerung:

Dubai	1 137 347
Abu Dhabi	603 492
Sharjah	543 733

Die Schulungstermine finden Sie unter www.tradewyx.com.

Asien - Singapur

Hauptstadt: Singapur
Einwohnerzahl: 5 400 000
Sprache: Chinesisch

Im Staat Singapur haben wir die folgenden Marktplatz-Apps gefunden:
www.lazada.sg, www.shopee.sg

Verkaufen Sie Ihre Produkte über die oben genannten Marktplatz-Apps?
 Und welche Produkte verkaufen
Sie? ....

Unternehmen und Bürger aus Singapur können ihre Produkte in jedes der 77 in Kapitel 4 aufgeführten Länder verkaufen (exportieren).

In Singapur führen wir regelmäßig Schulungen durch, um zu erläutern, wie die Ausfuhren mithilfe des Marktplatzes in verschiedenen Staaten verbessert werden können.

Wir führen Schulungen durch - Name der Stadt, Bevölkerung:

Singapur	3 547 809

Die Schulungstermine finden Sie unter www.tradewyx.com.

Asien - Sri Lanka

Hauptstadt: Kotte (Vorort von Colombo)
Einwohnerzahl: 22 100 000
Sprache: Singhalesisch

Wir haben in Sri Lanka keine Marktplatz-App gefunden.

Sri Lankische Unternehmen und Bürger können ihre Produkte in jedes der 78 in Kapitel 4 aufgeführten Länder verkaufen (exportieren).

In Sri Lanka führen wir regelmäßig Schulungen durch, in denen wir erläutern, wie der Export über Marktplätze in verschiedenen Ländern verbessert werden kann.

Wir führen Schulungen durch - Name der Stadt, Bevölkerung:

Colombo	648 034

Die Schulungstermine finden Sie unter www.tradewyx.com.

Asien - Syrien

Hauptstadt: Damaskus
Einwohnerzahl: 21 300 000
Sprache: Arabisch

Wir haben keine Marktplatzanwendung im Staat Syrien gefunden.

Unternehmen und Bürger aus Syrien können ihre Produkte in jedes der 78 in Kapitel 4 aufgeführten Länder verkaufen (exportieren).

In Syrien veranstalten wir regelmäßig Schulungen, in denen wir aufzeigen, wie der Export über den Marktplatz in verschiedenen Ländern verbessert werden kann.

Wir führen Schulungen durch - Name der Stadt, Bevölkerung:

Aleppo	1 602 264
Damaskus	1 569 394
Homs	775 404

Die Schulungstermine finden Sie unter www.tradewyx.com.

Asien - Tadschikistan

Hauptstadt: Duschanbe
Einwohnerzahl: 9 750 000
Sprache: Tadschikisch

Wir haben in Tadschikistan keine Marktplatz-App gefunden.

Unternehmen und Bürger aus Tadschikistan können ihre Produkte in jedes der 78 in Kapitel 4 aufgeführten Länder verkaufen (exportieren).

In Tadschikistan veranstalten wir regelmäßig Schulungen, in denen wir beschreiben, wie man die Exporte über Marktplätze in verschiedenen Staaten verbessern kann.

Wir führen Schulungen durch - Name der Stadt, Bevölkerung:

Dusanbe	679 499

Die Schulungstermine finden Sie unter www.tradewyx.com.

42. Asien - Thailand

Einwohnerzahl: 71 600 000
Sprache: thai

Im Staat Thailand haben wir die folgenden Marktplatz-Apps gefunden:
www.lazada.co.th, www.shopee.co.th , www. kaidee.com

Verkaufen Sie Ihre Produkte über die oben genannten Marktplatz-Apps?
 Und welche Produkte verkaufen
Sie? ....

Unternehmen und Bürger aus Thailand können ihre Produkte in jedes der 77 in Kapitel 4 aufgeführten Länder verkaufen (exportieren).

In Thailand veranstalten wir regelmäßig Schulungen, in denen wir beschreiben, wie man den Export über Marktplätze in verschiedenen Ländern verbessern kann.

Wir führen die Ausbildung durch - Name der Stadt, Anzahl der Einwohner:

Bangok	5 104 476

Die Schulungstermine finden Sie unter www.tradewyx.com.

Asien - Taiwan

Hauptstadt: Taipeh
Einwohnerzahl: 23 570 000
Sprache: Chinesisch

In Taiwan haben wir die folgenden Marktplatz-Apps gefunden:
www. shopee.tw,www.rakuten.com.tw

Verkaufen Sie Ihre Produkte über die oben genannten Marktplatz-Apps?
 Und welche Produkte verkaufen

Sie? ....

Unternehmen und Bürger aus Taiwan können ihre Produkte in jedes der 77 in Kapitel 4 aufgeführten Länder verkaufen (exportieren).

In Taiwan halten wir regelmäßig Schulungen ab, in denen wir beschreiben, wie man den Export über die Marktplätze in verschiedenen Ländern verbessern kann.

Wir führen Schulungen durch - Name der Stadt, Bevölkerung:

Taipeh	7 871 900
Kaohsiung	1 519 711
Taichung	1 040 725
Tainan	771 235
Banqiao	543 342

Die Schulungstermine finden Sie unter www.tradewyx.com.

Asien - Türkei

Hauptstadt: Ankara
Einwohnerzahl: 84 870 000
Sprache: Türkisch

In der Türkei haben wir die folgenden Marktplatzanwendungen gefunden:
www.amazon.com.tr,www.hepsiburada.com

Verkaufen Sie Ihre Produkte über die oben genannten Marktplatz-Apps?
 Und welche Produkte verkaufen
Sie? ....

Unternehmen und Bürger aus der Türkei können ihre Produkte in jedes der
77 in Kapitel 4 aufgeführten Länder verkaufen (exportieren).

In der Türkei veranstalten wir regelmäßig Schulungen, in denen wir
beschreiben, wie man die Exporte mit Hilfe des Marktplatzes in
verschiedenen Ländern verbessern kann.
Wir führen Schulungen durch - Name der Stadt, Bevölkerung:

Istanbul	14 804 116	Bagcilar	724 27:
Ankara	3 517 182	Diyarbakir	644 76:
Izmir	2 500 603	Kayseri	592 84:
Bursa	1 412 701	UEskuedar	582 66:
Adana	1 248 988	Bahcelievler	576 79:
Gaziantep	1 065 975	Umraniye	573 26:
Konya	875 534	Mersin	537 84:
Cankaya	792 189	Esenler	520 23:
Antalya	758 188	Eskisehir	514 86:

Die Schulungstermine finden Sie unter www.tradewyx.com.

Asien - Turkmenistan

Einwohnerzahl: 5 509 696
Sprache: Türkmenisch

Wir haben im Staat Turkmenistan keine Marktplatz-App gefunden.

Unternehmen und Bürger aus Turkmenistan können ihre Produkte in jedes der 78 in Kapitel 4 aufgeführten Länder verkaufen (exportieren).

In Turkmenistan veranstalten wir regelmäßig Schulungen, in denen wir beschreiben, wie man den Export über Marktplätze in verschiedenen Ländern verbessern kann.

Wir führen Schulungen durch - Name der Stadt, Bevölkerung:

Ashgabat	727 777

Die Schulungstermine finden Sie unter www.tradewyx.com.

Asien - Usbekistan

Hauptstadt: Taschkent
Einwohnerzahl: 34 920 000
Sprache: Usbekisch

Wir haben keine Marktplatz-App im Staat Usbekistan gefunden.

Unternehmen und Bürger aus Usbekistan können ihre Produkte in jedes der 78 in Kapitel 4 aufgeführten Länder verkaufen (exportieren).

In Usbekistan veranstalten wir regelmäßig Schulungen, in denen wir beschreiben, wie man den Export über Marktplätze in verschiedenen Ländern verbessern kann.

Wir führen Schulungen durch - Name der Stadt, Bevölkerung:

Taschkent	1 978 028

Die Schulungstermine finden Sie unter www.tradewyx.com.

<table>
<tr><td>**47.**</td><td>

Asien - Vietnam
</td></tr>
</table>

47. Asien - Vietnam

Hauptstadt: Hanoi
Einwohnerzahl: 97 400 000
Sprache: Vietnamesisch

In Vietnam haben wir die folgenden Marktplatz-Apps gefunden:
www. lazada.vn , www.shopee.vn

Verkaufen Sie Ihre Produkte über die oben genannten Marktplatz-Apps?
 Und welche Produkte verkaufen
Sie? ....

Unternehmen und Bürger aus Vietnam können ihre Produkte in jedes der
77 in Kapitel 4 aufgeführten Länder verkaufen (exportieren).

In Vietnam veranstalten wir regelmäßig Schulungen zur Verbesserung der
Exporte durch die Nutzung des Marktplatzes in verschiedenen Ländern.

Wir führen Schulungen durch - Name der Stadt, Bevölkerung:

Ho-Chi-Minh-Stadt	3 467 331
Hanoi	1 431 270
Da Nang	752 493
Haiphong	602 695

Die Schulungstermine finden Sie unter www.tradewyx.com.

48. Asien - Osttimor

Hauptstadt: Tetum
Einwohnerzahl: 1 300 000
Sprache: Portugiesisch

Wir konnten keine Marktplatz-App in Timor-Leste finden.

Unternehmen und Bürger aus Timor-Leste können ihre Produkte in jedes der 78 in Kapitel 4 aufgeführten Länder verkaufen (exportieren).

In Timor-Leste führen wir regelmäßig Schulungen durch, um zu erläutern, wie die Exporte durch die Nutzung des Marktplatzes in verschiedenen Ländern verbessert werden können.

Wir führen Schulungen durch - Name der Stadt, Bevölkerung:

Dili	150 000

Die Schulungstermine finden Sie unter www.tradewyx.com.

Australien

Fläche: 9 565 000 km2

Einwohnerzahl: ca. 37 000 000

16 autonome Staaten

Einwohnerzahl: 25 600 000
Sprache: Englisch

Im Staat Australien haben wir die folgenden Marktplatz-Anwendungen gefunden:

www.amazon.com.au

Verkaufen Sie Ihre Produkte über die oben genannten Marktplatz-Apps? Und welche Produkte verkaufen Sie? ....

Unternehmen und Bürger in Australien können ihre Produkte in jedes der 77 in Kapitel 4 aufgeführten Länder verkaufen (exportieren).

In Australien führen wir regelmäßig Schulungen durch, um zu erläutern, wie die Ausfuhren mithilfe des Marktplatzes in verschiedenen Bundesstaaten verbessert werden können.

Wir führen Schulungen durch - Name der Stadt, Bevölkerung:

Sydney	4 627 345
Melbourne	4 246 375
Brisbane	2 189 878
Perth	1 896 548
Adelaide	1 225 235
Goldküste	591 473

Die Schulungstermine finden Sie unter www.tradewyx.com.

2. Australien - Cookinseln

Hauptstadt: Avarua
Einwohnerzahl: 17 500
Sprache: Englisch

Wir konnten auf den Cook-Inseln keine Marktplatz-Apps finden.

Unternehmen und Bürger der Cookinseln können ihre Produkte in jedes der 78 in Kapitel 4 aufgeführten Länder verkaufen (exportieren).

Auf den Cook-Inseln führen wir regelmäßig Schulungen durch, in denen wir erläutern, wie sich die Exporte durch die Nutzung des Marktplatzes in verschiedenen Staaten verbessern lassen.

Wir führen Schulungen durch - Name der Stadt, Bevölkerung:

Avarua	13 373

Die Schulungstermine finden Sie unter www.tradewyx.com.

Hauptstadt: Palikir
Einwohnerzahl: 113 000
Sprache: Englisch

Wir konnten keine Marktplatz-Apps in den Föderierten Staaten von Mikronesien finden.

Unternehmen und Bürger aus den Föderierten Staaten von Mikronesien können ihre Produkte in jedes der 78 in Kapitel 4 aufgeführten Länder verkaufen (exportieren).

In den Föderierten Staaten von Mikronesien führen wir regelmäßig Schulungen durch, in denen wir erläutern, wie die Ausfuhren über den Marktplatz in den verschiedenen Staaten verbessert werden können.

Wir führen Schulungen durch - Name der Stadt, Bevölkerung:

Weno	18 000

Die Schulungstermine finden Sie unter www.tradewyx.com.

4. Australien - Fidschi

Hauptstadt: Suva
Einwohnerzahl: 896 000
Sprache: Englisch

Wir haben keine Marktplatz-App in Fidschi gefunden.

Fidschianische Unternehmen und Bürger können ihre Produkte in jedes der 78 in Kapitel 4 aufgeführten Länder verkaufen (exportieren).

In Fidschi führen wir regelmäßig Schulungen durch, um zu erläutern, wie der Export durch die Nutzung von Marktplätzen in verschiedenen Ländern verbessert werden kann.

Wir führen Schulungen durch - Name der Stadt, Bevölkerung:

Suva	77 366

Die Schulungstermine finden Sie unter www.tradewyx.com.

Australien - Kiribati

Hauptstadt: Tarawa
Einwohnerzahl: 128 000
Sprache: Englisch

Wir haben keine Marktplatz-App in Kiribati gefunden.

Kiribatische Unternehmen und Bürger können ihre Produkte in jedes der 78 in Kapitel 4 aufgeführten Länder verkaufen (exportieren).

In Kiribati führen wir regelmäßig Schulungen durch, um zu erläutern, wie die Exporte durch die Nutzung der Marktplätze in verschiedenen Ländern verbessert werden können.

Wir führen Schulungen durch - Name der Stadt, Bevölkerung:

Tarawa	40 311

Die Schulungstermine finden Sie unter www.tradewyx.com.

Australien - Marshall O.

Hauptstadt: Majuro
Einwohnerzahl: 42 071
Sprache: Englisch

Wir haben keine Marktplatzanwendungen im Staat Marshallinseln gefunden.

Unternehmen und Bürger der Marshallinseln können ihre Produkte in jedes der 78 in Kapitel 4 aufgeführten Länder verkaufen (exportieren).

Auf den Marshallinseln führen wir regelmäßig Schulungen durch, um zu erläutern, wie die Exporte durch die Nutzung des Marktplatzes in verschiedenen Staaten verbessert werden können.

Wir führen die Schulungen durch - Name der Stadt, Bevölkerung:

Majuro	25 400

Die Schulungstermine finden Sie unter www.tradewyx.com.

Australien - Nauru

Hauptstadt: Yaren
Einwohnerzahl: 12 780
Sprache: Englisch

Wir haben auf Nauru keine Marktplatzanwendungen gefunden.

Unternehmen und Bürger aus Nauru können ihre Produkte in jedes der 78 in Kapitel 4 aufgeführten Länder verkaufen (exportieren).

8. Australien - Neuseeland

Hauptstadt: Wellington
Einwohnerzahl: 5 100 000
Sprache: Englisch

Wir haben keine Marktplatzanwendungen in Neuseeland gefunden.

Neuseeländische Unternehmen und Bürger können ihre Produkte in jedes der 78 in Kapitel 4 aufgeführten Länder verkaufen (exportieren).

In Neuseeland führen wir regelmäßig Schulungen durch, in denen wir erläutern, wie die Exporte durch die Nutzung des Marktplatzes in verschiedenen Ländern verbessert werden können.

Wir führen Schulungen durch - Name der Stadt, Bevölkerung:

Auckland	417 918

Die Schulungstermine finden Sie unter www.tradewyx.com.

Australien - Palau

Hauptstadt: Ngerulmud
Einwohnerzahl: 18 842
Sprache: Englisch

Wir haben keine Marktplatz-App im Staat Palau gefunden.

Unternehmen und Bürger aus Palau können ihre Produkte in jedes der 78 in Kapitel 4 aufgeführten Länder verkaufen (exportieren).

In Palau führen wir regelmäßig Schulungen durch, um zu erläutern, wie die Exporte durch die Nutzung des Marktplatzes in verschiedenen Staaten verbessert werden können.

Wir führen Schulungen durch - Name der Stadt, Bevölkerung:

Ngerulmud	14 000

Die Schulungstermine finden Sie unter www.tradewyx.com.

Australien - Papua-Neuguinea

Hauptstadt: Port Moresby
Einwohnerzahl: 7 059 653
Sprache: Englisch

Wir konnten keine Marktplatz-Apps in Papua-Neuguinea finden.

Unternehmen und Bürger Papua-Neuguineas können ihre Produkte in jedes der 78 in Kapitel 4 aufgeführten Länder verkaufen (exportieren).

In Papua-Neuguinea führen wir regelmäßig Schulungen durch, um zu erläutern, wie die Exporte durch die Nutzung der Marktplätze in verschiedenen Ländern verbessert werden können.

Wir führen Schulungen durch - Name der Stadt, Bevölkerung:

Port Moresby	350 000

Die Schulungstermine finden Sie unter www.tradewyx.com.

11. Australien - Samoa

Hauptstadt: Apia
Einwohnerzahl: 218 287
Sprache: Englisch

Wir haben in Samoa keine Marktplatz-Apps gefunden.

Samoanische Unternehmen und Bürger können ihre Produkte in jedes der 78 in Kapitel 4 aufgeführten Länder verkaufen (exportieren).

In Samoa führen wir regelmäßig Schulungen durch, um zu erläutern, wie die Exporte durch die Nutzung der Marktplätze in verschiedenen Ländern verbessert werden können.

Wir führen Schulungen durch - Name der Stadt, Bevölkerung:

Apia	40 400

Die Schulungstermine finden Sie unter www.tradewyx.com.

Australien - Nordmar.

Capitol Hill
Einwohnerzahl: 49.882
Sprache.

Wir haben im Staat der Nördlichen Marianen keine Anwendung auf dem Markt gefunden.

Unternehmen und Bürger der Nördlichen Marianen können ihre Produkte in jedes der 78 in Kapitel 4 aufgeführten Länder verkaufen (exportieren).

Auf den Nördlichen Marianen führen wir regelmäßig Schulungen durch, in denen beschrieben wird, wie die Exporte über den Marktplatz in den verschiedenen Bundesstaaten verbessert werden können.

Wir führen Schulungen durch - Name der Stadt, Bevölkerung:

Capitol Hill	47 000

Die Schulungstermine finden Sie unter www.tradewyx.com.

13. Australien - Shalam. Inseln

Hauptstadt: Honiara
Einwohnerzahl: 707 000
Sprache: Englisch

Wir haben keine Marktplatzanwendungen im Staat der Salomonen gefunden.

Unternehmen und Bürger der Salomonen können ihre Produkte in jedes der 78 in Kapitel 4 aufgeführten Länder verkaufen (exportieren).

Auf den Salomonen führen wir regelmäßig Schulungen durch, um zu erläutern, wie die Ausfuhren über die Marktplätze in den verschiedenen Staaten verbessert werden können.

Wir führen Schulungen durch - Name der Stadt, Bevölkerung:

Honiara	84 520

Die Schulungstermine finden Sie unter www.tradewyx.com.

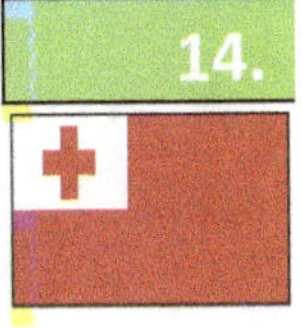

<table>
<tr><td>14.</td><td></td></tr>
</table>

Australien - Tonga

Hauptstadt: Nuku'alofa
Einwohnerzahl: 106 000
Sprache: Englisch

Wir haben in Tonga keine Marktplatz-Apps gefunden.

Unternehmen und Bürger aus Tonga können ihre Produkte in jedes der 78 in Kapitel 4 aufgeführten Länder verkaufen (exportieren).

In Tonga führen wir regelmäßig Schulungen durch, um zu erläutern, wie die Exporte durch die Nutzung der Marktplätze in verschiedenen Ländern verbessert werden können.

Wir führen Schulungen durch - Name der Stadt, Bevölkerung:

Nuku'alofa	22 483

Die Schulungstermine finden Sie unter www.tradewyx.com.

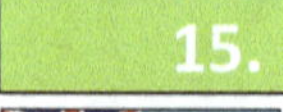 

15. Australien - Tuvalu

Hauptstadt: Funafuti
Einwohnerzahl: 11 204
Sprache: Englisch

Wir konnten in Tuvalu keine Marktplatz-Apps finden.

Unternehmen und Bürger aus Tuvalu können ihre Produkte in jedes der 78 in Kapitel 4 aufgeführten Länder verkaufen (exportieren).

Australien - Vanuatu

Hauptstadt: Port Vila
Einwohnerzahl: 319 000
Sprache: Englisch

Wir haben in Vanuatu keine Marktplatz-Apps gefunden.

Vanuatu's Unternehmen und Bürger können ihre Produkte in jedes der 78 in Kapitel 4 aufgeführten Länder verkaufen/exportieren.

In Vanuatu führen wir regelmäßig Schulungen durch, um zu erläutern, wie die Exporte durch die Nutzung des Marktplatzes in verschiedenen Ländern verbessert werden können.

Wir führen Schulungen durch - Name der Stadt, Bevölkerung:

Port Vila	35 901

Die Schulungstermine finden Sie unter www.tradewyx.com.

Fläche: 42 549 000 km2

Einwohnerzahl: 930 720 588

55 autonome Staaten

Amerika - Am. Panen. Ostr.

Hauptstadt: Charlotte Amalie
Einwohnerzahl: 105 000
Sprache: Englisch

Wir konnten keine Marktplatz-Apps im Bundesstaat US Virgin Islands finden.

Unternehmen und Bürger der US-Jungferninseln können ihre Produkte in jedes der 78 in Kapitel 4 aufgeführten Länder verkaufen (exportieren).

Auf den US-Jungferninseln führen wir regelmäßig Schulungen durch, in denen wir erläutern, wie man die Exporte durch die Nutzung des Marktes in den verschiedenen Bundesstaaten verbessern kann.

Wir führen Schulungen durch - Name der Stadt, Bevölkerung:

Charlotte Amelia	18 832

Die Schulungstermine finden Sie unter www.tradewyx.com.

Amerika - Anguilla

Einwohnerzahl: 15 738
Sprache: Englisch

Wir haben keine Marktplatz-App im Staat Anguilla gefunden.

Unternehmen und Bürger aus Anguilla können ihre Produkte in jedes der 78 in Kapitel 4 aufgeführten Länder verkaufen (exportieren).

In Anguilla veranstalten wir regelmäßig Schulungen, in denen beschrieben wird, wie die Ausfuhren über den Marktplatz in verschiedenen Staaten verbessert werden können.

Wir führen Schulungen durch - Name der Stadt, Bevölkerung:

Das Tal	2 035

Die Schulungstermine finden Sie unter www.tradewyx.com.

Amerika - Antigua Barbuda

Hauptstadt : Saint John's
Einwohnerzahl: 93 000
Sprache: Englisch

Wir haben in Antigua und Barbuda keine Marktplatz-Apps gefunden.

Unternehmen und Bürger aus Antigua und Barbuda können ihre Produkte in jedes der 78 in Kapitel 4 aufgeführten Länder verkaufen (exportieren).

In Antigua und Barbuda führen wir regelmäßig Schulungen durch, um zu erläutern, wie die Exporte durch die Nutzung der Marktplätze in verschiedenen Ländern verbessert werden können.

Wir führen Schulungen durch - Name der Stadt, Bevölkerung:

Der Heilige Johannes	24 226

Die Schulungstermine finden Sie unter www.tradewyx.com.

4. Amerika - Argentinien

Hauptstadt: Buenos Aires
Einwohnerzahl: 45 300 000
Sprache: spanisch

In Argentinien haben wir die folgenden Marktplatz-Anwendungen gefunden:

www.fravega.com,www.mercadolibre.com.ar

Verkaufen Sie Ihre Produkte über die oben genannten Marktplatz-Apps? Und welche Produkte verkaufen Sie? ....Unternehmen und Bürger aus Argentinien können ihre Produkte in jedes der 77 in Kapitel 4 aufgeführten Länder verkaufen (exportieren).

In Argentinien veranstalten wir regelmäßig Schulungen, in denen beschrieben wird, wie man den Export über den Marktplatz in verschiedenen Ländern verbessern kann.

Wir führen Schulungen durch - Name der Stadt, Bevölkerung:

Buenos Aires	13 076 300
Cordoba	1 428 214
Rosario	1 173 533
Mendoza	876 884
San Miguel de Tucuman	781 023
La Plata	694 167
Mar del Plata	553 935
Quilmes	518 788
Salta	512 686

Die Schulungstermine finden Sie unter www.tradewyx.com.

5. Amerika - Aruba

Hauptstadt: Oranjestad
Einwohnerzahl: 106 065
Sprache: Niederländisch

Wir haben keine Marktplatz-App im Staat Aruba gefunden.

Unternehmen und Bürger aus Aruba können ihre Produkte in jedes der 78 in Kapitel 4 aufgeführten Länder verkaufen (exportieren).

In Aruba veranstalten wir regelmäßig Schulungen, um zu erläutern, wie die Exporte durch die Nutzung des Marktplatzes in verschiedenen Staaten verbessert werden können.

Wir führen Schulungen durch - Name der Stadt, Bevölkerung:

Oranjestad	29 998

Die Schulungstermine finden Sie unter www.tradewyx.com.

Amerika - Bahamas

Hauptstadt: Nassau
Einwohnerzahl: 407 000
Sprache: Englisch

Wir haben keine Marktplatz-App im Staat Bahamas gefunden.

Bahamaische Unternehmen und Bürger können ihre Produkte in jedes der 78 in Kapitel 4 aufgeführten Länder verkaufen (exportieren).

Auf den Bahamas halten wir regelmäßig Schulungen ab, in denen wir beschreiben, wie man die Exporte über den Marktplatz in verschiedenen Ländern verbessern kann.

Wir führen Schulungen durch - Name der Stadt, Bevölkerung:

Nassau	22 794

Die Schulungstermine finden Sie unter www.tradewyx.com.

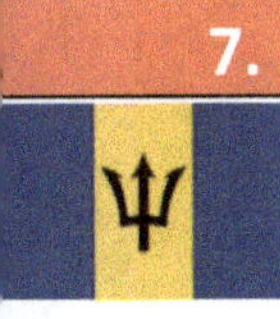

Amerika - Barbados

Hauptstadt: Bridgetown
Einwohnerzahl: 281 000
Sprache: Englisch

Wir konnten keine Marktplatz-Apps im Staat Barbados finden.

Unternehmen und Bürger aus Barbados können ihre Produkte in jedes der 78 in Kapitel 4 aufgeführten Länder verkaufen (exportieren).

In Barbados führen wir regelmäßig Schulungen durch, um zu erläutern, wie die Exporte durch die Nutzung der Marktplätze in verschiedenen Ländern verbessert werden können.

Wir führen Schulungen durch - Name der Stadt, Bevölkerung:

Bridgetown	98 511

Die Schulungstermine finden Sie unter www.tradewyx.com.

8. Amerika - Belize

Hauptstadt: Belmopan
Einwohnerzahl: 400 000
Sprache: Englisch

Wir haben keine Marktplatz-App im Land Belize gefunden.

Belizianische Unternehmen und Bürger können ihre Produkte in jedes der 78 in Kapitel 4 aufgeführten Länder verkaufen (exportieren).

In Belize führen wir regelmäßig Schulungen durch, um zu erläutern, wie der Export über Marktplätze in verschiedenen Ländern verbessert werden kann.

Wir führen Schulungen durch - Name der Stadt, Bevölkerung:

Belize-Stadt	61 461

Die Schulungstermine finden Sie unter www.tradewyx.com.

9. Amerika - Bermuda

Einwohnerzahl: 63 365
Sprache: Englisch

Wir haben keine Marktplatzanmeldungen im Staat Bermuda gefunden.

Bermudische Unternehmen und Bürger können ihre Produkte in jedes der 78 in Kapitel 4 aufgeführten Länder verkaufen (exportieren).

Auf den Bermudas führen wir regelmäßig Schulungen durch, um zu erläutern, wie die Ausfuhren durch die Nutzung des Marktes in verschiedenen Ländern verbessert werden können.

Wir führen Schulungen durch - Name der Stadt, Bevölkerung:

Hamilton	1 000

Die Schulungstermine finden Sie unter www.tradewyx.com.

Amerika -Bolivien

10.

Hauptstadt: La Paz
Einwohnerzahl: 12 000 000
Sprache: spanisch

Im Staat Bolivien e haben wir die folgenden Marktplatz-Apps gefunden:
www.mercadolibre.com.bo

Verkaufen Sie Ihre Produkte über die oben genannten Marktplatz-Apps?
Und welche Produkte verkaufen
Sie? ....

Unternehmen und Bürger aus Bolivien können ihre Produkte in jedes der
77 in Kapitel 4 aufgeführten Länder verkaufen (exportieren).

In Bolivien veranstalten wir regelmäßig Schulungen, in denen beschrieben
wird, wie die Exporte über den Marktplatz in verschiedenen Ländern
verbessert werden können.

Wir führen Schulungen durch - Name der Stadt, Bevölkerung:

Santa Cruz de la Sierra	1 364 389
Cochabamba	900 414
La Paz	812 799

Die Schulungstermine finden Sie unter www.tradewyx.com.

<table>
<tr><td>11.</td><td colspan="3">Amerika - Brasilien</td></tr>
<tr><td></td><td colspan="3">Hauptstadt: Brasilia
Einwohnerzahl: 214 000 000
Sprache: Portugiesisch</td></tr>
</table>

Im Staat Brasilien haben wir die folgenden Marktplatz-Apps gefunden:
www.mercadolivre.com.br,www.amazon.com.br

Verkaufen Sie Ihre Produkte über die oben genannten Marktplatz-Apps?
 Und welche Produkte verkaufen
Sie? ....

Unternehmen und Bürger aus Brasilien können ihre Produkte in jedes der
77 in Kapitel 4 aufgeführten Länder verkaufen (exportieren).

In Brasilien veranstalten wir regelmäßig Schulungen, in denen wir
beschreiben, wie man die Exporte mit Hilfe des Marktplatzes in
verschiedenen Bundesstaaten verbessern kann.
Wir führen Schulungen durch - Name der Stadt, Bevölkerung:

Sao Paulo	10 021 295	Porto Alegre	1 372 741
Rio de Janeiro	6 023 699	Goiania	1 171 195
Salvador	2 711 840	Guarulhos	1 169 577
Fortaleza	2 400 000	Campinas	1 031 554
Belo Horizonte	2 373 224	Nova Iguazu	1 002 118
Brasilia	2 207 718	Maceio	954 991
Curitiba	1 718 421	Sao Luis	917 237
Manaus	1 598 210	Duque de Caxias	818 329
Recife	1 478 098	Natal	763 043
Belem	1 407 737	Teresina	744 512

Sao Bernardo do Campo	743 372	Contagem	627 12[
Campo Grande	729 151	Ribeirao Preto	619 74[
Jaboatao	702 621	Sao Jose dos Campos	613 76[
Osasco	677 856	Uberlandia	563 53[
Santo Andre	662 373	Sorocaba	558 86[
Joao Pessoa	650 883	Cuiaba	521 93[
Jaboatao dos Guararapes	630 008	Aparecida de Goiania	510 77[

Die Schulungstermine finden Sie unter www.tradewyx.com.

Amerika - Britische Inseln

Hauptstadt: Road Town
Einwohnerzahl: 31 016
Sprache: Englisch

Wir konnten keine Marktplatz-Apps im Staat der Britischen Jungferninseln finden.

Unternehmen und Bürger der Britischen Jungferninseln können ihre Produkte in jedes der 78 in Kapitel 4 aufgeführten Länder verkaufen (exportieren).

Auf den Britischen Jungferninseln führen wir regelmäßig Schulungen durch, um zu erläutern, wie die Exporte durch die Nutzung des Marktes in verschiedenen Staaten verbessert werden können.

Wir führen Schulungen durch - Name der Stadt, Bevölkerung:

Straßenstadt	8 449

Die Schulungstermine finden Sie unter www.tradewyx.com.

Amerika - Curaçao

Hauptstadt: Willemstad
Einwohnerzahl: 152 563
Sprache: Niederländisch

Wir haben keine Marktplatz-App im Staat Curacao gefunden.

Unternehmen und Bürger aus Curacao können ihre Produkte in jedes der 78 in Kapitel 4 aufgeführten Länder verkaufen (exportieren).

In Curacao führen wir regelmäßig Schulungen durch, in denen wir beschreiben, wie die Exporte über die Marktplätze in den verschiedenen Staaten verbessert werden können.

Wir führen Schulungen durch - Name der Stadt, Bevölkerung:

Willemstad	125 829

Die Schulungstermine finden Sie unter www.tradewyx.com.

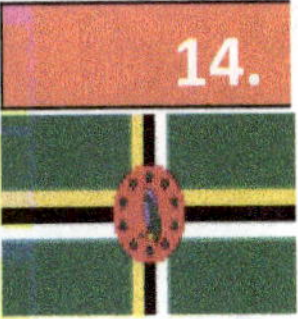

Amerika - Dominica

Hauptstadt: Roseau
Einwohnerzahl: 72 000
Sprache: Englisch

Wir konnten keine Marktplatz-Apps im Staat Dominica finden.

Unternehmen und Bürger aus Dominica können ihre Produkte in jedes der 78 in Kapitel 4 aufgeführten Länder verkaufen (exportieren).

In Dominica halten wir regelmäßig Schulungen ab, in denen wir erläutern, wie die Exporte durch die Nutzung des Marktplatzes in verschiedenen Ländern verbessert werden können.

Wir führen Schulungen durch - Name der Stadt, Bevölkerung:

Roseau	16 571

Die Schulungstermine finden Sie unter www.tradewyx.com.

Amerika - Dominikanische R.

Hauptstadt: Santo Domingo
Einwohnerzahl: 11 200 000
Sprache: spanisch

In der Dominikanischen Republik haben wir die folgenden Marktplatz-Apps gefunden:

www.mercadolibre.com.do

Verkaufen Sie Ihre Produkte über die oben genannten Marktplatz-Apps? Und welche Produkte verkaufen
Sie? ....

Unternehmen und Bürger aus der Dominikanischen Republik können ihre Produkte in jedes der 77 in Kapitel 4 aufgeführten Länder verkaufen (exportieren).

In der Dominikanischen Republik veranstalten wir regelmäßig Schulungen, in denen wir beschreiben, wie man den Export über den Marktplatz in verschiedenen Ländern verbessern kann.

Wir führen Schulungen durch - Name der Stadt, Bevölkerung:

Santo Domingo	2 201 941
Santiago de los Caballeros	1 200 000

Die Schulungstermine finden Sie unter www.tradewyx.com.

Amerika - Ecuador

Hauptstadt: Quito
Einwohnerzahl: 17 800 000
Sprache: Spanisch

In Ecuador haben wir die folgenden Marktplatz-Apps gefunden:
www.mercadolibre.com.ec

Verkaufen Sie Ihre Produkte über die oben genannten Marktplatz-Apps?
 Und welche Produkte verkaufen
Sie? ....

Unternehmen und Bürger aus Ecuador können ihre Produkte in jedes der 77 in Kapitel 4 aufgeführten Länder verkaufen (exportieren).

In Ecuador veranstalten wir regelmäßig Schulungen, in denen wir beschreiben, wie man die Exporte über den Marktplatz in verschiedenen Ländern verbessern kann.

Wir führen Schulungen durch - Name der Stadt, Bevölkerung:

Guayaquil	1 952 029
Quito	1 399 814

Die Schulungstermine finden Sie unter www.tradewyx.com.

Amerika - Falklandinseln

Hauptstadt: Port Stanley
Einwohnerzahl: 2 840
Sprache: Englisch

Wir konnten keine Marktplatz-App im Bundesstaat Falkandy finden.

Unternehmen und Bürger der Falklandinseln können ihre Produkte in jedes der 78 in Kapitel 4 aufgeführten Länder verkaufen (exportieren).

Amerika - Frankreich. Guyana

Hauptstadt: Cayenne
Einwohnerzahl: 294 000
Sprache: französisch

Wir konnten keine Marktplatz-Apps im Staat Französisch-Guayana finden.

Unternehmen und Bürger aus Französisch-Guayana können ihre Produkte in jedes der 78 in Kapitel 4 aufgeführten Länder verkaufen (exportieren).

In Französisch-Guayana führen wir regelmäßig Schulungen durch, um zu erläutern, wie der Export über die Marktplätze der verschiedenen Länder verbessert werden kann.

Wir führen Schulungen durch - Name der Stadt, Bevölkerung:

Cayennepfeffer	61 553

Die Schulungstermine finden Sie unter www.tradewyx.com.

19. Amerika - Grenada

Einwohnerzahl: 124 000
Sprache: Englisch

Wir konnten keine Marktplatzanmeldungen im Staat Grenada finden.

Unternehmen und Bürger aus Grenada können ihre Produkte in jedes der 78 in Kapitel 4 aufgeführten Länder verkaufen (exportieren).

In Grenada führen wir regelmäßig Schulungen durch, um zu erläutern, wie der Export über Marktplätze in verschiedenen Ländern verbessert werden kann.

Wir führen Schulungen durch - Name der Stadt, Bevölkerung:

Der Heilige Georg	7 532

Die Schulungstermine finden Sie unter www.tradewyx.com.

Amerika - Grönland

Hauptstadt: Nuuk
Einwohnerzahl: 56 847
Sprache: Grönländisch

Wir haben keine Marktplatz-App im Staat Grönland gefunden.

Unternehmen und Bürger aus Grönland können ihre Produkte in jedes der 78 in Kapitel 4 aufgeführten Länder verkaufen (exportieren).

In Grönland veranstalten wir regelmäßig Schulungen, in denen wir beschreiben, wie die Exporte durch die Nutzung des Marktplatzes in verschiedenen Ländern verbessert werden können.

Wir führen Schulungen durch - Name der Stadt, Bevölkerung:

Nuuk	14 798

Die Schulungstermine finden Sie unter www.tradewyx.com.

Amerika - Guadeloupe

Hauptstadt: Basse-Terre
Einwohnerzahl: 397 554
Sprache: französisch

Wir konnten keine Marktplatz-Apps in Guadeloupe finden.

Unternehmen und Bürger aus Guadeloupe können ihre Produkte in jedes der 78 in Kapitel 4 aufgeführten Länder verkaufen (exportieren).

In Guadeloupe veranstalten wir regelmäßig Schulungen, in denen wir beschreiben, wie man die Exporte mit Hilfe des Marktplatzes in verschiedenen Staaten verbessern kann.

Wir bieten Schulungen an - Name der Stadt, Bevölkerung:

Les Abymes	63 058

Die Schulungstermine finden Sie unter www.tradewyx.com.

<table>
<tr><td>22.</td><td>Amerika - Guatemala</td></tr>
</table>

Amerika - Guatemala

Hauptstadt: Guatemala-Stadt
Einwohnerzahl: 17 110 000
Sprache: spanisch

Im Staat Guatemala haben wir die folgenden Marktplatz-Apps gefunden:
www.mercadolibre.com.gt

Verkaufen Sie Ihre Produkte über die oben genannten Marktplatz-Apps?
Und welche Produkte verkaufen
Sie? ....

Guatemaltekische Unternehmen und Bürger können ihre Produkte in jedes der 77 in Kapitel 4 aufgeführten Länder verkaufen (exportieren).

In Guatemala veranstalten wir regelmäßig Schulungen in den einzelnen Bundesstaaten, um zu erläutern, wie die Exporte durch die Nutzung des Marktplatzes in den verschiedenen Bundesstaaten verbessert werden können.

Wir führen Schulungen durch - Name der Stadt, Bevölkerung:

Guatemala-Stadt	994 938

Die Schulungstermine finden Sie unter www.tradewyx.com.

Amerika - Guyana

Hauptstadt: Georgetown
Einwohnerzahl: 804 000
Sprache: Englisch

Wir konnten keine Marktplatz-App im Staat Guyana finden.

Guyanische Unternehmen und Bürger können ihre Produkte in jedes der 78 in Kapitel 4 aufgeführten Länder verkaufen (exportieren).

In Guyana führen wir regelmäßig Schulungen durch, um zu erläutern, wie die Exporte durch die Nutzung der Marktplätze in den verschiedenen Bundesstaaten verbessert werden können.

Wir führen Schulungen durch - Name der Stadt, Bevölkerung:

George Town	235 017

Die Schulungstermine finden Sie unter www.tradewyx.com.

Amerika - Haiti

Hauptstadt: Port-au-Prince
Einwohnerzahl: 11 400 000
Sprache: französisch

Wir haben keine Marktplatz-App im Staat Haiti gefunden.

Unternehmen und Bürger aus Haiti können ihre Produkte in jedes der 78 in Kapitel 4 aufgeführten Länder verkaufen (exportieren).

In Haiti veranstalten wir regelmäßig Schulungen, in denen beschrieben wird, wie die Exporte über den Marktplatz in verschiedenen Ländern verbessert werden können.

Wir führen Schulungen durch - Name der Stadt, Bevölkerung:

Port-au-Prince	1 234 742

Die Schulungstermine finden Sie unter www.tradewyx.com.

<table>
<tr><td>25.</td><td>

Amerika - Honduras

Hauptstadt: Tegucigalpa
Einwohnerzahl: 10 300 000
Sprache: spanisch
</td></tr>
</table>

Im Staat Honduras haben wir die folgenden Marktplatz-Apps gefunden:
www.mercadolibre.com.hn

Verkaufen Sie Ihre Produkte über die oben genannten Marktplatz-Apps?
Und welche Produkte verkaufen
Sie? ....

Honduranische Unternehmen und Bürger können ihre Produkte in jedes der 77 in Kapitel 4 aufgeführten Länder verkaufen (exportieren).

In Honduras veranstalten wir regelmäßig Schulungen, in denen wir beschreiben, wie man die Exporte über den Marktplatz in verschiedenen Ländern verbessern kann.

Wir führen Schulungen durch - Name der Stadt, Bevölkerung:

Tegucigalpa	850 848
San Pedro Sula	489 466

Die Schulungstermine finden Sie unter www.tradewyx.com.

<table>
<tr><td>26.</td><td colspan="2">**Amerika - Chile**</td></tr>
</table>

26. Amerika - Chile

Hauptstadt: Santiago de Chile
Einwohnerzahl: 19 500 000
Sprache: spanisch

In Chile haben wir die folgenden Marktplatz-Apps gefunden:

www.mercadolibre.cl

Verkaufen Sie Ihre Produkte über die oben genannten Marktplatz-Apps? Und welche Produkte verkaufen

Sie? ....

Unternehmen und Bürger aus Chile können ihre Produkte in jedes der 77 in Kapitel 4 aufgeführten Länder verkaufen (exportieren).

In Chile veranstalten wir regelmäßig Schulungen, in denen beschrieben wird, wie man den Export über den Marktplatz in verschiedenen Ländern verbessern kann.

Wir führen Schulungen durch - Name der Stadt, Bevölkerung:

Santiago	4 837 295
Puente Alto	510 417

Die Schulungstermine finden Sie unter www.tradewyx.com.

Hauptstadt: : Kingston
Einwohnerzahl: 2 800 000
Sprache: Englisch

Wir konnten keine Marktplatz-Apps im Staat Jamaika finden.

Unternehmen und Bürger aus Jamaika können ihre Produkte in jedes der 78 in Kapitel 4 aufgeführten Länder verkaufen (exportieren).

In Jamaika führen wir regelmäßig Schulungen durch, um zu erläutern, wie der Export über Marktplätze in verschiedenen Ländern verbessert werden kann.

Wir führen Schulungen durch - Name der Stadt, Bevölkerung:

Kingston	937 743
Neu Kingston	583 958

Die Schulungstermine finden Sie unter www.tradewyx.com.

Einwohnerzahl: 20
Sprache: Englisch

Wir haben keine Marktplatzanmeldungen im Bundesstaat South Georgia gefunden.

Unternehmen und Bürger aus dem Bundesstaat Südgeorgien können ihre Produkte in jeden der 78 in Kapitel 4 aufgeführten Staaten verkaufen (exportieren).

Amerika - Cayman. Inseln

Hauptstadt: George Town
Einwohnerzahl: 68 900
Sprache: Englisch

Wir konnten keine Marktplatzanwendungen auf den Kaimaninseln finden.

Unternehmen und Bürger der Kaimaninseln können ihre Produkte in jedes der 78 in Kapitel 4 aufgeführten Länder verkaufen (exportieren).

Auf den Kaimaninseln veranstalten wir regelmäßig Schulungen, in denen wir beschreiben, wie man die Exporte über den Marktplatz in verschiedenen Ländern verbessern kann.

Wir führen Schulungen durch - Name der Stadt, Bevölkerung:

George Town	29 375

Die Schulungstermine finden Sie unter www.tradewyx.com.

Amerika - Kanada

Einwohner: 38 300 000
Sprache: englisch, französisch

In Kanada haben wir diese Marktplatz-Apps gefunden:

www.amazon.ca,www.walmart.ca

Verkaufen Sie Ihre Produkte über die oben genannten Marktplatz-Apps?
 Und welche Produkte verkaufen

Sie? ....

Unternehmen und Bürger aus Kanada können ihre Produkte in jedes der

77 in Kapitel 4 aufgeführten Länder verkaufen (exportieren).

Wir halten regelmäßig Schulungen in Kanada ab, um zu beschreiben, wie

der Export über die Marktplätze in den verschiedenen Staaten verbessert

werden kann.

Wir führen die Schulungen durch - Name der Stadt, Einwohnerzahl:

Toronto	2 600 000	Nord-York	636 000
Montreal	1 600 000	Winnipeg	632 063
Calgary	1 019 942	Vancouver	600 000
Ottawa	812 129	Scarborough	600 000
Edmonton	712 391	Quebec	528 595
Mississauga	668 549	Hamilton	519 949

Die Schulungstermine finden Sie unter www.tradewyx.com.

Hauptstadt: Kralendijk
Einwohnerzahl: 25 000
Sprache: Niederländisch

In den karibischen Niederlanden konnten wir keine Marktplatzanwendungen finden.

Unternehmen und Bürger aus den karibischen Niederlanden können ihre Produkte in jedes der 78 in Kapitel 4 aufgeführten Länder verkaufen/exportieren.

Amerika - Kolumbien

Hauptstadt: Bogota
Einwohnerzahl: 51 500 000
Sprache: spanisch

Im Bundesstaat Kolumbien haben wir diese Marktplatz-Apps gefunden:
www.mercadolibre.com.co

Verkaufen Sie Ihre Produkte über die oben genannten Marktplatz-Apps?
Und welche Produkte verkaufen
Sie? ....
Unternehmen und Bürger aus dem Staat Kolumbien können ihre Produkte
in jedes der 77 in Kapitel 4 aufgeführten Länder
verkaufen (exportieren).

Im Bundesstaat Kolumbien führen wir regelmäßig Schulungen durch, in
denen wir beschreiben, wie man die Exporte mit Hilfe des Marktplatzes in
verschiedenen Bundesstaaten verbessern kann.

Wir führen Schulungen durch - Name der Stadt, Bevölkerung:

Bogotá	7 674 366
Cali	2 392 877
Medellin	1 999 979
Barranquilla	1 380 425
Cartagena	952 024
Cucuta	721 398
Bucaramanga	571 824

Die Schulungstermine finden Sie unter www.tradewyx.com.

Amerika - Costa Rica

Hauptstadt: San José
Einwohnerzahl: 5 100 000
Sprache: spanisch

In Costa Rica haben wir die folgenden Marktplatz-Apps gefunden:
www.mercadolibre.co.cr

Verkaufen Sie Ihre Produkte über die oben genannten Marktplatz-Apps?
 Und welche Produkte verkaufen
Sie? ....

 Unternehmen und Bürger aus Costa Rica können ihre Produkte in jedes
der 77 in Kapitel 4 aufgeführten Länder verkaufen (exportieren).

In Costa Rica veranstalten wir regelmäßig Schulungen, in denen wir
beschreiben, wie man die Exporte über den Marktplatz in verschiedenen
Ländern verbessern kann.

Wir führen Schulungen durch - Name der Stadt, Bevölkerung:

San José	335 007

Die Schulungstermine finden Sie unter www.tradewyx.com.

34. Amerika - Kuba

Hauptstadt: Havanna
Einwohnerzahl: 11 300 000
Sprache: Spanisch

Wir haben keine Marktplatz-App im Staat Kuba gefunden.

Unternehmen und Bürger aus Kuba können ihre Produkte in jedes der 78 in Kapitel 4 aufgeführten Länder verkaufen (exportieren).

In Kuba veranstalten wir regelmäßig Schulungen, in denen wir beschreiben, wie man den Export über den Marktplatz in verschiedenen Ländern verbessern kann.

Wir führen Schulungen durch - Name der Stadt, Bevölkerung:

Havanna	2 163 824
Santiago de Cuba	555 865

Die Schulungstermine finden Sie unter www.tradewyx.com.

Amerika - Martinique

Hauptstadt: Fort-de-France
Einwohnerzahl: 380 000
Sprache: französisch

Wir haben keine Marktplatz-App auf Martinique gefunden.

Unternehmen und Bürger aus Martinique können ihre Produkte in jedes der 78 in Kapitel 4 aufgeführten Länder verkaufen (exportieren).

In Martinique veranstalten wir regelmäßig Schulungen, in denen wir aufzeigen, wie der Export über den Markt in verschiedenen Ländern verbessert werden kann.

Wir bieten Schulungen an - Name der Stadt, Bevölkerung:

Fort-de-France	89 995

Die Schulungstermine finden Sie unter www.tradewyx.com.

Amerika - Mexiko

Hauptstadt: Mexiko-Stadt
Einwohnerzahl: 125 600 000
Sprache: spanisch

Im Bundesstaat Mexiko haben wir die folgenden Marktplatz-Apps gefunden:

www.amazon.mx,www.mercadolibre.com.mx

Verkaufen Sie Ihre Produkte über die oben genannten Marktplatz-Apps? Und welche Produkte verkaufen Sie? ....

Unternehmen und Bürger aus dem Bundesstaat Mexiko können ihre Produkte in jedes der 77 in Kapitel 4 aufgeführten Länder verkaufen (exportieren).

Im Bundesstaat Mexiko führen wir regelmäßig Schulungen durch, in denen wir beschreiben, wie man die Exporte mit Hilfe des Marktplatzes in verschiedenen Bundesstaaten verbessern kann.

Wir führen Schulungen durch - Name der Stadt, Bevölkerung:

Mexiko-Stadt	12 294 193	Gustavo Adolfo Madero	1 185 772
Iztapalapa	1 815 786	Zapopan	1 142 483
Ecatepec de Morelos	1 655 015	Monterrey	1 135 512
Guadalajara	1 495 182	Ciudad Nezahualcoyotl	1 104 585
Puebla	1 434 062	Chihuahua	809 232
Juarez	1 321 004	Naucalpan de Juarez	792 211

| Tijuana | 1 300 983 | Merida | 777 61 |
| León de los Aldama | 1 238 962 | Alvaro Obregon | 726 66 |

San Luis Potosi	722 772	Coyoacan	620 41
Aguascalientes	722 253	Santa Maria Chimalhuacan	612 38
Hermosillo	715 061	Torreon	608 83
Saltillo	709 671	Morelia	597 51
Mexicali	689 775	Reynosa	589 46
Culiacan	675 773	Tlaquepaque	575 94
Guadalupe	673 616	Tlalpan	574 57
Acapulco de Juarez	673 479	Tuxtla	537 10
Tlalnepantla	653 414	Cuauhtemoc	531 83
Cancun	628 306	Victoria de Durango	518 70
Santiago de Queretaro	626 495		

Die Schulungstermine finden Sie unter www.tradewyx.com.

Amerika - Montserrat

Einwohnerzahl: 4 488
Sprache: Englisch

Wir konnten keine Marktplatz-App im Bundesland Monserat finden.

Unternehmen und Bürger aus dem Staat Monserrat können ihre Produkte in jedes der 78 in Kapitel 4 aufgeführten Länder verkaufen (exportieren).

Amerika - Nicaragua

Hauptstadt: Managua
Einwohnerzahl: 6 800 000
Sprache: Englisch

Im Staat Nicaragua haben wir die folgenden Marktplatz-Apps gefunden:
www.mercadolibre.com.ni

Verkaufen Sie Ihre Produkte über die oben genannten Marktplatz-Apps?
 Und welche Produkte verkaufen
Sie? ....

Unternehmen und Bürger aus Nicaragua können ihre Produkte in jedes der 77 in Kapitel 4 aufgeführten Länder verkaufen (exportieren).

In Nicaragua führen wir regelmäßig Schulungen durch, in denen wir beschreiben, wie man die Exporte über den Marktplatz in verschiedenen Staaten verbessern kann.

Wir führen Schulungen durch - Name der Stadt, Bevölkerung:

Managua	973 087

Die Schulungstermine finden Sie unter www.tradewyx.com.

Amerika - Panama

Hauptstadt: Panama
Einwohnerzahl: 4 300 000
Sprache: spanisch

Im Staat Panama haben wir die folgenden Marktplatz-Apps gefunden:
www.mercadolibre.com.pa

Verkaufen Sie Ihre Produkte über die oben genannten Marktplatz-Apps?
Und welche Produkte verkaufen
Sie? ....

Unternehmen und Bürger aus Panama können ihre Produkte in jedes der 77 in Kapitel 4 aufgeführten Länder verkaufen (exportieren).

Im Staat Panama veranstalten wir regelmäßig Schulungen, in denen wir beschreiben, wie man die Exporte durch die Nutzung des Marktplatzes in verschiedenen Staaten verbessern kann.

Wir führen Schulungen durch - Name der Stadt, Bevölkerung:

Panama-Stadt	408 168

Die Schulungstermine finden Sie unter www.tradewyx.com.

Amerika - Paraguay

Hauptstadt: Asunción
Einwohnerzahl: 6 700 000
Sprache: spanisch

Im Staat Paraguay haben wir keine Marktplatzanwendung gefunden.

Unternehmen und Bürger aus Paraguay können ihre Produkte in jedes der 78 in Kapitel 4 aufgeführten Länder verkaufen (exportieren).

In Paraguay veranstalten wir regelmäßig Schulungen, in denen beschrieben wird, wie die Exporte über den Marktplatz in verschiedenen Staaten verbessert werden können.

Wir führen Schulungen durch - Name der Stadt, Bevölkerung:

Asunción	1 482 200

Die Schulungstermine finden Sie unter www.tradewyx.com.

<table>
<tr><td>41.</td><td>

Amerika - Peru

Hauptstadt: Lima
Einwohnerzahl: 33 700 000
Sprache: Spanisch
</td></tr>
</table>

Im Staat Peru haben wir die folgenden Marktplatz-Apps gefunden:

www.mercadolibre.com.pe

Verkaufen Sie Ihre Produkte über die oben genannten Marktplatz-Apps? Und welche Produkte verkaufen

Sie? ....

Unternehmen und Bürger aus Peru können ihre Produkte in jedes der 77 in Kapitel 4 aufgeführten Länder verkaufen (exportieren).

In Peru veranstalten wir regelmäßig Schulungen, in denen beschrieben wird, wie man die Exporte mit Hilfe des Marktplatzes in verschiedenen Ländern verbessern kann.

Wir führen Schulungen durch - Name der Stadt, Bevölkerung:

Lima	7 737 002
Arequipa	841 135
Callao	813 264
Trujillo	747 453
Chiclayo	577 375

Die Schulungstermine finden Sie unter www.tradewyx.com.

Amerika - Puerto Rico

Hauptstadt: San Juan
Einwohnerzahl: 3 264 000
Sprache: spanisch

Wir haben im Staat Puerto Rico keine Marktplatz-App gefunden.

Unternehmen und Bürger des Bundesstaates Puerto Rico können ihre Produkte in jeden der 78 in Kapitel 4 aufgeführten Staaten verkaufen (exportieren).

Im Bundesstaat Puerto Rico führen wir regelmäßig Schulungen durch, in denen beschrieben wird, wie die Exporte über den Marktplatz in verschiedenen Bundesstaaten verbessert werden können.

Wir führen Schulungen durch - Name der Stadt, Bevölkerung:

San Juan	418 144

Die Schulungstermine finden Sie unter www.tradewyx.com.

Einwohnerzahl: 5 059
Sprache: französisch

Wir haben keine Marktplatz-Anwendungen in Saint Pierre gefunden.

Unternehmen und Bürger aus Saint-Pierre können ihre Produkte in jedes der 78 in Kapitel 4 aufgeführten Länder verkaufen (exportieren).

In Saint Pierre veranstalten wir regelmäßig Schulungen, in denen wir beschreiben, wie man die Exporte über den Marktplatz in verschiedenen Staaten verbessern kann.

Wir bieten Schulungen an - Name der Stadt, Bevölkerung:

Saint-Pierre	5 406

Die Schulungstermine finden Sie unter www.tradewyx.com.

Hauptstadt: San Salvador
Einwohnerzahl: 6 300 000
Sprache: spanisch

Im Staat El Salvador haben wir die folgenden Marktplatz-Anwendungen gefunden:

www.mercadolibre.com.sv

Verkaufen Sie Ihre Produkte über die oben genannten Marktplatz-Apps? Und welche Produkte verkaufen
Sie? ....

Unternehmen und Bürger aus El Salvador können ihre Produkte in jedes der 77 in Kapitel 4 aufgeführten Länder verkaufen (exportieren).

In El Salvador veranstalten wir regelmäßig Schulungen, in denen wir beschreiben, wie man die Exporte über den Marktplatz in verschiedenen Staaten verbessern kann.

Wir führen Schulungen durch - Name der Stadt, Bevölkerung:

San Salvador	525 994

Die Schulungstermine finden Sie unter www.tradewyx.com.

Amerika - USA

Einwohnerzahl: 331 500 000
Sprache: Englisch

In den Vereinigten Staaten von Amerika haben wir die folgenden Marktplatzanwendungen gefunden:

www.amazon.com, www.etsy.com, www.sears.com, www.walmart.com, www.costco.com

Verkaufen Sie Ihre Produkte über die oben genannten Marktplatz-Apps? Und welche Produkte verkaufen Sie? ....

Unternehmen und Bürger aus den Vereinigten Staaten können ihre Produkte in jedes der 77 in Kapitel 4 aufgeführten Länder verkaufen (exportieren).

In den Vereinigten Staaten führen wir regelmäßig Schulungen durch, in denen wir erläutern, wie die Ausfuhren über den Marktplatz in den verschiedenen Bundesstaaten verbessert werden können.
Wir führen Schulungen durch - Name der Stadt, Bevölkerung:

New York City	7 888 121	Dallas	1 259 404
Los Angeles	3 769 485	Austin	966 292
Chicago	2 608 425	Jacksonville	962 974
Houston	2 264 876	Fort Worth	961 885
Phoenix	1 651 344	San Jose	930 862
Philadelphia	1 527 886	Kolumbus	907 865
San Antonio	1 479 493	Charlotte	885 663
San Diego	1 374 076	Indianapolis	871 449

Die Schulungstermine finden Sie unter www.tradewyx.com.

Seattle	725 487	Milwaukee	555 64[...]
San Francisco	715 717	Fresno	549 24[...]
Denver	699 288	Tucson	546 01[...]
Oklahoma City	697 763	Sacramento	528 30[...]
El Paso	678 049	Mesa	516 78[...]
Nashville	658 525	Kansas City	509 31[...]
Las Vegas	653 843	Colorado Springs	491 53[...]
Washington	631 693	Atlanta	490 27[...]
Memphis	621 777	Omaha	479 65[...]
Louisville	621 764	Raleigh	472 544
Detroit	621 193	Virginia Beach	454 28[...]
Portland	619 286	Long Beach	439 15[...]
Boston	617 459	Miami	435 91[...]
Baltimore	563 455	Oakland	422 994
Albuquerque	558 523	Minneapolis	418 075

Die Schulungstermine finden Sie unter www.tradewyx.com.

Amerika - Surinam

Hauptstadt: Paramaribo
Einwohnerzahl: 612 000
Sprache: Niederländisch

Wir haben in Surinam keine Marktplatz-App gefunden.

Unternehmen und Bürger aus Surinam können ihre Produkte in jedes der 78 in Kapitel 4 aufgeführten Länder verkaufen (exportieren).

In Surinam veranstalten wir regelmäßig Schulungen, um zu erläutern, wie die Exporte durch die Nutzung der Marktplätze in den verschiedenen Bundesstaaten verbessert werden können.

Wir führen Schulungen durch - Name der Stadt, Bevölkerung:

Paramaribo	223 757

Die Schulungstermine finden Sie unter www.tradewyx.com.

Amerika - St. Lucia

Hauptstadt: Castries
Einwohnerzahl: 180 000
Sprache: Englisch

Wir konnten in St. Lucia keine Marktplatzanwendungen finden.

Unternehmen und Bürger von St. Lucia können ihre Produkte in jedes der 78 in Kapitel 4 aufgeführten Länder verkaufen (exportieren).

In St. Lucia veranstalten wir regelmäßig Schulungen, in denen wir beschreiben, wie die Exporte durch die Nutzung des Marktes in verschiedenen Ländern verbessert werden können.

Wir führen Schulungen durch - Name der Stadt, Bevölkerung:

Castries	20 000

Die Schulungstermine finden Sie unter www.tradewyx.com.

Amerika - St. Bartholomäus

Hauptstadt: Gustavia
Einwohnerzahl: 9 751
Sprache: französisch

Wir konnten im Bundesstaat Saint Bartholomew keine Bewerbungen auf dem Marktplatz finden.

Unternehmen und Bürger aus St. Bartholomew können ihre Produkte in jedes der 78 in Kapitel 4 aufgeführten Länder verkaufen (exportieren).

Amerika - St. Kitts, Nevis

Hauptstadt: Basseterre
Einwohnerzahl: 50 000
Sprache: Englisch

Wir konnten keine Marktplatz-Apps in St. Kitts, Nevis finden.

Unternehmen und Bürger aus St. Kitts und Nevis können ihre Produkte in jedes der 78 in Kapitel 4 aufgeführten Länder verkaufen (exportieren).

In St. Kitts, Nevis, halten wir regelmäßig Schulungen ab, in denen wir beschreiben, wie man die Exporte durch die Nutzung des Marktplatzes in verschiedenen Ländern verbessern kann.

Wir führen Schulungen durch - Name der Stadt, Bevölkerung:

Basseterre	12 927

Die Schulungstermine finden Sie unter www.tradewyx.com.

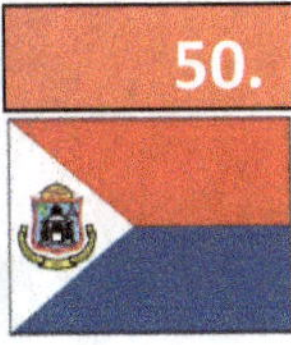

Amerika - St. Martin

Hauptstadt: philipsburg
Einwohnerzahl: 42 035
Sprache: Niederländisch

Wir haben keine Marktplatzanmeldungen im Staat Saint Martin gefunden.

Unternehmen und Bürger aus St. Martin können ihre Produkte in jedes der 78 in Kapitel 4 aufgeführten Länder verkaufen (exportieren).

In St. Martin veranstalten wir regelmäßig Schulungen, in denen wir beschreiben, wie man die Exporte über den Markt in verschiedenen Ländern verbessern kann.

Wir führen Schulungen durch - Name der Stadt, Bevölkerung:

Marigot	5 700

Die Schulungstermine finden Sie unter www.tradewyx.com.

<table>
<tr><td>51.</td><td>**Amerika - St. Vincent**</td></tr>
</table>

Hauptstadt: Kingstown
Einwohnerzahl: 104 000
Sprache: Englisch

Wir konnten keine Marktplatz-Apps in St. Vincent finden.

Unternehmen und Bürger aus St. Vincent können ihre Produkte in jedes der 78 in Kapitel 4 aufgeführten Länder verkaufen (exportieren).

In St. Vincent veranstalten wir regelmäßig Schulungen, in denen wir beschreiben, wie man die Exporte über den Markt in verschiedenen Ländern verbessern kann.

Wir führen Schulungen durch - Name der Stadt, Bevölkerung:

Kingstown	24 518

Die Schulungstermine finden Sie unter www.tradewyx.com.

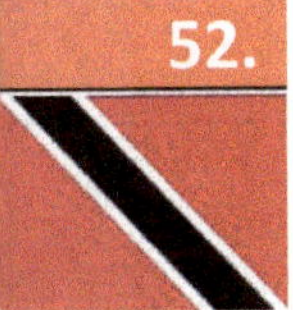

Amerika - Trinidad und Tobago

Hauptstadt: Port-of-Spain
Einwohnerzahl: 1 520 000
Sprache: Englisch

Wir haben keine Marktplatz-App in Trinidad und Tobago gefunden.

Unternehmen und Bürger aus Trinidad und Tobago können ihre Produkte in jedes der 78 in Kapitel 4 aufgeführten Länder verkaufen (exportieren).

In Trinidad und Tobago führen wir regelmäßig Schulungen durch, um zu erläutern, wie die Exporte durch die Nutzung der Marktplätze in verschiedenen Ländern verbessert werden können.

Wir führen Schulungen durch - Name der Stadt, Bevölkerung:

Chaguanas	67 433

Die Schulungstermine finden Sie unter www.tradewyx.com.

Einwohnerzahl: 45 458
Sprache: Englisch

Wir haben keine Marktplatzanmeldungen im Staat Turks gefunden.

Unternehmen und Bürger aus der Türkei können ihre Produkte in jedes der 78 in Kapitel 4 aufgeführten Länder verkaufen (exportieren).

Im Bundesstaat Türkei führen wir regelmäßig Schulungen durch, in denen wir beschreiben, wie die Ausfuhren mithilfe des Marktplatzes in verschiedenen Staaten verbessert werden können.

Wir führen Schulungen durch - Name der Stadt, Bevölkerung:

Cockburn Town	3 720

Die Schulungstermine finden Sie unter www.tradewyx.com.

Hauptstadt: Montevideo
Einwohnerzahl: 3 400 000
Sprache: Spanisch

In Uruguay haben wir die folgenden Marktplatz-Anwendungen gefunden:
www.mercadolibre.com.uy

Verkaufen Sie Ihre Produkte über die oben genannten Marktplatz-Apps?
 Und welche Produkte verkaufen
Sie? ....

Unternehmen und Bürger aus Uruguay können ihre Produkte in jedes der 77 in Kapitel 4 aufgeführten Länder verkaufen (exportieren).

In Uruguay veranstalten wir regelmäßig Schulungen, in denen wir beschreiben, wie die Exporte durch die Nutzung der Marktplätze in verschiedenen Ländern verbessert werden können.

Wir bieten Schulungen an - Name der Stadt, Bevölkerung:

Montevideo	1 270 737

Die Schulungstermine finden Sie unter www.tradewyx.com.

Amerika - Venezuela

Hauptstadt: Caracas
Einwohnerzahl: 28 700 000
Sprache: spanisch

Im Staat Venezuela haben wir die folgenden Marktplatz-Apps gefunden:
www.mercadolibre.com.ve

Verkaufen Sie Ihre Produkte über die oben genannten Marktplatz-Apps?
 Und welche Produkte verkaufen
Sie? ....

Unternehmen und Bürger aus Venezuela können ihre Produkte in jedes der 77 in Kapitel 4 aufgeführten Länder verkaufen (exportieren).

In Venezuela führen wir regelmäßig Schulungen durch, um zu erläutern, wie die Exporte durch die Nutzung des Marktplatzes in verschiedenen Ländern verbessert werden können.

Wir führen Schulungen durch - Name der Stadt, Bevölkerung:

Caracas	3 000 000
Maracaibo	2 225 000
Maracay	1 754 256
Valencia	1 385 083
Barquisimeto	809 493
Ciudad Guayana	746 535

Die Schulungstermine finden Sie unter www.tradewyx.com.

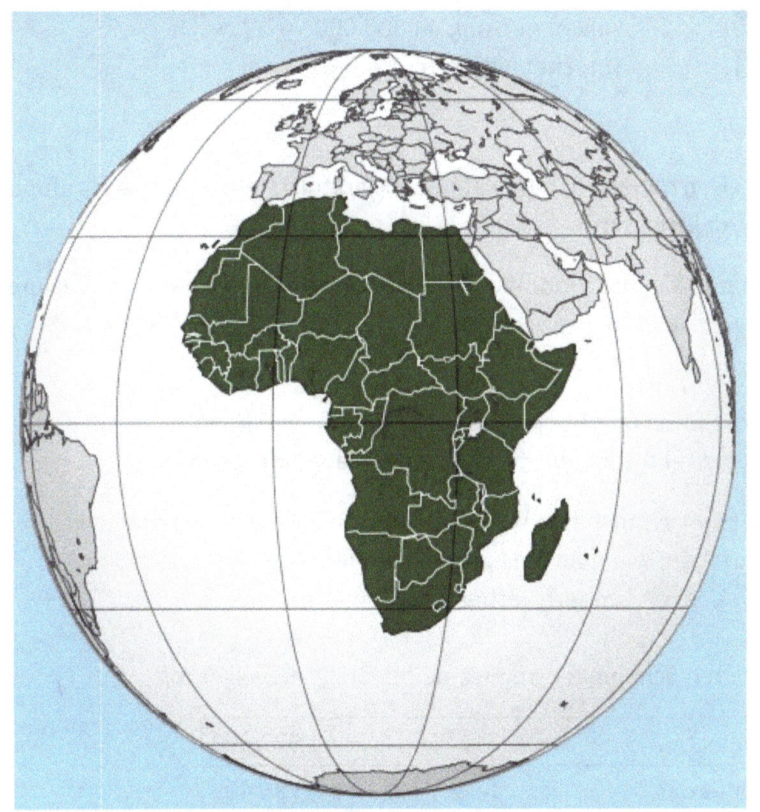

Fläche: 30 221 532 km2

Einwohnerzahl: 1 216 130 000

55 autonome Staaten

Afrika - Algerien

Hauptstadt: Algier
Einwohnerzahl: 44 800 000
Sprache: Arabisch

In Algerien haben wir die folgenden Marktplatz-Anwendungen gefunden:
https://dz.jumia.com/

Verkaufen Sie Ihre Produkte über die oben genannten Marktplatz-Apps?
 Und welche Produkte verkaufen
Sie? ....

Unternehmen und Bürger aus Algerien können ihre Produkte in jedes der 77 in Kapitel 4 aufgeführten Länder verkaufen (exportieren).

In Algerien veranstalten wir regelmäßig Schulungen, in denen wir beschreiben, wie man die Exporte mit Hilfe des Marktplatzes in verschiedenen Ländern verbessern kann.

Wir bieten Schulungen an - Name der Stadt, Bevölkerung:

Algier	1 977 663
Boumerdas	786 499
Oran	645 984
Tebessa	634 332

Die Schulungstermine finden Sie unter www.tradewyx.com.

2. Afrika - Angola

Hauptstadt: Luanda
Einwohnerzahl: 34 500 000
Sprache: Portugiesisch

Wir haben keine Marktplatz-App im Staat Angola gefunden.

Unternehmen und Bürger aus Angola können ihre Produkte in jedes der 78 in Kapitel 4 aufgeführten Länder verkaufen (exportieren).

In Angola führen wir regelmäßig Schulungen durch, um zu erläutern, wie die Exporte durch die Nutzung des Marktplatzes in verschiedenen Ländern verbessert werden können.

Wir bieten Schulungen an - Name der Stadt, Bevölkerung:

Luanda	2 776 168

Die Schulungstermine finden Sie unter www.tradewyx.com.

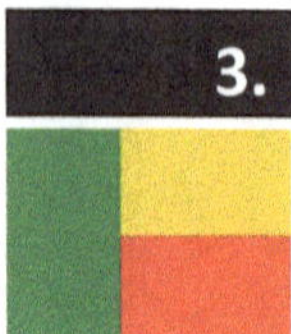

3. Afrika - Benin

Hauptstadt: Porto-Novo
Einwohnerzahl: 13 000 000
Sprache: französisch

Wir haben im Bundesstaat Benin keine Marktplatz-App gefunden.

Unternehmen und Bürger aus Benin können ihre Produkte in jedes der 78 in Kapitel 4 aufgeführten Länder verkaufen (exportieren).

Im Bundesstaat Benin veranstalten wir regelmäßig Schulungen, in denen wir beschreiben, wie man die Exporte mit Hilfe des Marktplatzes in verschiedenen Bundesstaaten verbessern kann.

Wir führen Schulungen durch - Name der Stadt, Bevölkerung:

Cotonou	780 939

Die Schulungstermine finden Sie unter www.tradewyx.com.

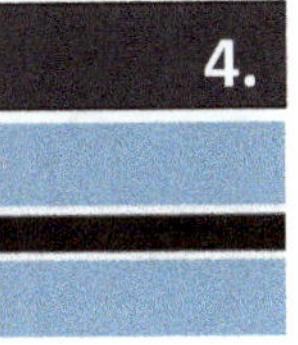

4. Afrika - Botswana

Hauptstadt: Gaborone
Einwohnerzahl: 2 580 000
Sprache: Englisch

Wir haben in Botswana keine Marktplatz-Apps gefunden.

Unternehmen und Bürger aus Botsuana können ihre Produkte in jedes der 78 in Kapitel 4 aufgeführten Länder verkaufen (exportieren).

In Botswana führen wir regelmäßig Schulungen durch, um zu erläutern, wie die Exporte mithilfe von Marktplätzen in verschiedenen Ländern verbessert werden können.

Wir führen Schulungen durch - Name der Stadt, Bevölkerung:

Gaborone	208 411

Die Schulungstermine finden Sie unter www.tradewyx.com.

5. Afrika - Burundi

Hauptstadt: Bujumbura
Einwohnerzahl: 12 550 000
Sprache: Englisch

Wir haben im Staat Burundi keine Marktplatz-App gefunden.

Unternehmen und Bürger aus Burundi können ihre Produkte in jedes der 78 in Kapitel 4 aufgeführten Länder verkaufen (exportieren).

In Burundi veranstalten wir regelmäßig Schulungen, in denen wir beschreiben, wie die Exporte durch die Nutzung des Marktplatzes in verschiedenen Ländern verbessert werden können.

Wir führen Schulungen durch - Name der Stadt, Bevölkerung:

Bujumbura	331 783

Die Schulungstermine finden Sie unter www.tradewyx.com.

6. Afrika - Burkina Faso

Hauptstadt: Ouagadougou
Einwohnerzahl: 22 000 000
Sprache: französisch

Wir haben in Burkina Faso keine Marktplatz-App gefunden.

Unternehmen und Bürger aus Burkina Faso können ihre Produkte in jedes der 78 in Kapitel 4 aufgeführten Länder verkaufen (exportieren).

In Burkina Faso veranstalten wir regelmäßig Schulungen zur Verbesserung der Exporte über den Marktplatz in verschiedenen Ländern.

Wir führen Schulungen durch - Name der Stadt, Bevölkerung:

Ouagadougou	1 086 505

Die Schulungstermine finden Sie unter www.tradewyx.com.

Afrika - Tschad

Hauptstadt: N'Djamena
Einwohnerzahl: 17 800 000
Sprache: französisch

Wir konnten im Tschad keine Marktplatz-App finden.

Unternehmen und Bürger aus dem Tschad können ihre Produkte in jedes der 78 in Kapitel 4 aufgeführten Länder verkaufen (exportieren).

Im Staat Tschad halten wir regelmäßig Schulungen ab, in denen wir beschreiben, wie wir die Exporte mit Hilfe des Marktplatzes in verschiedenen Staaten verbessern können.

Wir führen Schulungen durch - Name der Stadt, Bevölkerung:

N'Djamena	721 081

Die Schulungstermine finden Sie unter www.tradewyx.com.

8. Afrika - Demok. Rep. Kongo

Hauptstadt: Kinshasa
Einwohnerzahl: 95 100 000
Sprache: französisch

In der Demokratischen Republik Kongo konnten wir keine Marktplatz-Apps finden.

Unternehmen und Bürger aus der Demokratischen Republik Kongo können ihre Produkte in jedes der 78 in Kapitel 4 aufgeführten Länder verkaufen (exportieren).

In der Demokratischen Republik Kongo führen wir regelmäßig Schulungen durch, in denen wir erläutern, wie die Exporte durch die Nutzung des Marktplatzes in verschiedenen Ländern verbessert werden können.

Wir führen Schulungen durch - Name der Stadt, Bevölkerung:

Kinshasa	7 785 965
Lubumbashi	1 373 770
Mbuji-Mayi	874 761
Kisangani	539 158

Die Schulungstermine finden Sie unter www.tradewyx.com.

9. Afrika - Dschibuti

Hauptstadt: Dschibuti
Einwohnerzahl: 1 100 000
Sprache: französisch

Wir haben im Staat Dschibuti keine Marktplatz-App gefunden.

Dschibutische Unternehmen und Bürger können ihre Produkte in jedes der 78 in Kapitel 4 aufgeführten Länder verkaufen (exportieren).

In Dschibuti veranstalten wir regelmäßig Schulungen, um zu erläutern, wie die Exporte durch die Nutzung des Marktplatzes in verschiedenen Staaten verbessert werden können.

Wir führen Schulungen durch - Name der Stadt, Bevölkerung:

Dschibuti	623 891

Die Schulungstermine finden Sie unter www.tradewyx.com.

10. Afrika - Ägypten

Hauptstadt: Kairo
Einwohnerzahl: 109 000 000
Sprache: Arabisch

Im Staat Ägypten haben wir die folgenden Marktplatz-Apps gefunden:
www.amazon.eg,www.jumia.com.eg

Verkaufen Sie Ihre Produkte über die oben genannten Marktplatz-Apps? Und welche Produkte verkaufen
Sie? ....

Unternehmen und Bürger aus Ägypten können ihre Produkte in jedes der 77 in Kapitel 4 aufgeführten Länder verkaufen (exportieren).

In Ägypten veranstalten wir regelmäßig Schulungen, in denen wir beschreiben, wie man die Exporte über den Marktplatz in verschiedenen Ländern verbessern kann.

Wir führen Schulungen durch - Name der Stadt, Bevölkerung:

Kairo	7 734 614
Alexandria	3 811 516
Gizeh	2 443 203
Port Said	538 378

Die Schulungstermine finden Sie unter www.tradewyx.com.

11

Afrika - Eritrea

Hauptstadt: Asmara
Einwohnerzahl: 3 600 000
Sprache: Arabisch

Wir haben in Eritrea keine Marktplatzanwendung gefunden.

Eritreische Unternehmen und Bürger können ihre Produkte in jedes der 78 in Kapitel 4 aufgeführten Länder verkaufen (exportieren).

In Eritrea veranstalten wir regelmäßig Schulungen, in denen wir beschreiben, wie der Export über Marktplätze in verschiedenen Ländern verbessert werden kann.

Wir führen Schulungen durch - Name der Stadt, Bevölkerung:

Asmara	563 934

Die Schulungstermine finden Sie unter www.tradewyx.com.

12. Afrika - Äthiopien

Hauptstadt: Addis Abeba
Einwohnerzahl: 103 200 000
Sprache: Amharisch

Wir haben in Äthiopien keine Marktplatzanwendung gefunden.

Unternehmen und Bürger aus Äthiopien können ihre Produkte in jedes der 78 in Kapitel 4 aufgeführten Länder verkaufen (exportieren).

In Äthiopien veranstalten wir regelmäßig Schulungen, in denen wir beschreiben, wie man die Exporte mit Hilfe des Marktplatzes in verschiedenen Ländern verbessern kann.

Wir führen Schulungen durch - Name der Stadt, Bevölkerung:

Addis Abeba	2 757 729

Die Schulungstermine finden Sie unter www.tradewyx.com.

Afrika - Gabun

Hauptstadt: Libreville
Einwohnerzahl: 2 340 000
Sprache: französisch

13.

Wir haben keine Marktplatz-App in Gabun gefunden.

Unternehmen und Bürger aus Gabun können ihre Produkte in jedes der 78 in Kapitel 4 aufgeführten Länder verkaufen (exportieren).

In Gabun veranstalten wir regelmäßig Schulungen, in denen wir beschreiben, wie die Exporte durch die Nutzung des Marktplatzes in verschiedenen Ländern verbessert werden können.

Wir bieten Schulungen an - Name der Stadt, Bevölkerung:

Libreville	578 156

Die Schulungstermine finden Sie unter www.tradewyx.com.

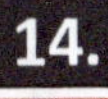

14. Afrika - Gambia

Hauptstadt: Banjul
Einwohnerzahl: 2 640 000
Sprache: Englisch

Wir haben im Staat Gambia keine Marktplatz-App gefunden.

Unternehmen und Bürger aus Gambia können ihre Produkte in jedes der 78 in Kapitel 4 aufgeführten Länder verkaufen (exportieren).

In Gambia führen wir regelmäßig Schulungen durch, um zu erläutern, wie die Exporte durch die Nutzung des Marktplatzes in verschiedenen Staaten verbessert werden können.

Wir führen Schulungen durch - Name der Stadt, Bevölkerung:

Serekunda	340 000

Die Schulungstermine finden Sie unter www.tradewyx.com.

15. Afrika - Ghana

Hauptstadt: Accra
Einwohnerzahl: 38 800 000
Sprache: Englisch

In Ghana haben wir die folgenden Marktplatz-Apps gefunden:
www.jumia.com.gh

Verkaufen Sie Ihre Produkte über die oben genannten Marktplatz-Apps?
 Und welche Produkte verkaufen
Sie? ....

Ghanaische Unternehmen und Bürger können ihre Produkte in jedes der 77 in Kapitel 4 aufgeführten Länder verkaufen (exportieren).

In Ghana führen wir regelmäßig Schulungen durch, um zu erläutern, wie der Export mit Hilfe von Marktplätzen in verschiedenen Bundesstaaten verbessert werden kann.

Wir führen Schulungen durch - Name der Stadt, Bevölkerung:

Accra	1 963 264
Kumasi	1 468 609

Die Schulungstermine finden Sie unter www.tradewyx.com.

16. Afrika - Guinea

Hauptstadt: Conakry
Einwohnerzahl: 13 530 000
Sprache: Englisch

Wir haben keine Marktplatz-App im Bundesstaat Guinea gefunden.

Unternehmen und Bürger aus Guinea können ihre Produkte in jedes der 78 in Kapitel 4 aufgeführten Länder verkaufen (exportieren).

Im Bundesstaat Guinea führen wir regelmäßig Schulungen durch, um zu erläutern, wie die Exporte durch die Nutzung des Marktplatzes in den verschiedenen Bundesstaaten verbessert werden können.

Wir führen Schulungen durch - Name der Stadt, Bevölkerung:

Camayenne	1 871 242
Conakry	1 767 200

Die Schulungstermine finden Sie unter www.tradewyx.com.

Afrika - Guinea-Bissau

Hauptstadt: Bissau
Einwohnerzahl: 2 000 000
Sprache: Portugiesisch

Wir haben keine Marktplatz-App in Guinea-Bissau gefunden.

Unternehmen und Bürger aus Guinea-Bissau können ihre Produkte in jedes der 78 in Kapitel 4 aufgeführten Länder verkaufen (exportieren).

In Guinea-Bissau organisieren wir regelmäßig Schulungen zur Verbesserung der Exporte über die Marktplätze in verschiedenen Ländern.

 Wir führen Schulungen durch - Name der Stadt, Bevölkerung:

Bissau	388 028

Die Schulungstermine finden Sie unter www.tradewyx.com.

18. Afrika Südafrika Südafrika

Hauptstadt: Kapstadt
Einwohnerzahl: 59 000 000
Sprache: Englisch

Im Staat Südafrika haben wir die folgenden Marktplatz-Apps gefunden:
www.takealot.com,www.bidorbuy.co.za

Verkaufen Sie Ihre Produkte über die oben genannten Marktplatz-Apps?
 Und welche Produkte verkaufen
Sie? ....

Unternehmen und Bürger aus Südafrika können ihre Produkte in jedes der 77 in Kapitel 4 aufgeführten Länder verkaufen (exportieren).

In Südafrika führen wir regelmäßig Schulungen durch, um zu erläutern, wie die Exporte durch die Nutzung der Marktplätze in verschiedenen Staaten verbessert werden können.

Wir führen Schulungen durch - Name der Stadt, Bevölkerung:

Kapstadt	3 433 441
Durban	3 120 282
Johannesburg	2 026 469
Soweto	1 695 047
Pretoria	1 619 438
Port Elizabeth	967 677
Pietermaritzburg	750 845
Benoni	605 344
Tembisa	511 655

Die Schulungstermine finden Sie unter www.tradewyx.com.

19. Afrika - Südsudan

Hauptstadt: Juba
Einwohnerzahl: 10 700 000
Sprache: Arabisch

Wir haben im Südsudan keine Marktplatzanwendung gefunden.

Unternehmen und Bürger aus dem Südsudan können ihre Produkte in jedes der 78 in Kapitel 4 aufgeführten Länder verkaufen (exportieren).

Im Südsudan führen wir regelmäßig Schulungen durch, um zu erläutern, wie die Exporte mithilfe von Marktplätzen in verschiedenen Bundesstaaten verbessert werden können.

Wir führen Schulungen durch - Name der Stadt, Bevölkerung:

Juba	450 000

Die Schulungstermine finden Sie unter www.tradewyx.com.

Afrika - Kamerun

Hauptstadt: Yaoundé
Einwohnerzahl: 21 500 000
Sprache: französisch

Wir haben in Kamerun keine Marktplatz-Apps gefunden.

Unternehmen und Bürger aus Kamerun können ihre Produkte in jedes der 78 in Kapitel 4 aufgeführten Länder verkaufen (exportieren).

In Kamerun organisieren wir regelmäßig Schulungen zur Verbesserung der Exporte durch die Nutzung des Marktplatzes in verschiedenen Ländern.

Wir führen Schulungen durch - Name der Stadt, Bevölkerung:

Douala	1 338 082
Yaounde	1 299 369

Die Schulungstermine finden Sie unter www.tradewyx.com.

Afrika - Kapverdische Inseln

Hauptstadt: Praia
Einwohnerzahl: 587 000
Sprache: Portugiesisch

Wir konnten keine Marktplatz-Apps im Staat Kap Verde finden.

Kapverdische Unternehmen und Bürger können ihre Produkte in jedes der 78 in Kapitel 4 aufgeführten Länder verkaufen (exportieren).

In Kap Verde führen wir regelmäßig Schulungen durch, in denen wir beschreiben, wie man die Exporte über den Marktplatz in verschiedenen Ländern verbessern kann.

Wir führen Schulungen durch - Name der Stadt, Bevölkerung:

Praia	113 364

Die Schulungstermine finden Sie unter www.tradewyx.com.

22. Afrika - Kenia

Hauptstadt: Nairobi
Einwohnerzahl: 53 500 000
Sprache: Swahili

In Kenia haben wir die folgenden Marktplatz-Apps gefunden:
www.jumia.co.ke

Verkaufen Sie Ihre Produkte über die oben genannten Marktplatz-Apps?
Und welche Produkte verkaufen
Sie? ....

Kenianische Unternehmen und Bürger können ihre Produkte in jedes der 77 in Kapitel 4 aufgeführten Länder verkaufen (exportieren).

In Kenia führen wir regelmäßig Schulungen durch, um zu erläutern, wie die Exporte mithilfe des Marktplatzes in verschiedenen Ländern verbessert werden können.

Wir führen Schulungen durch - Name der Stadt, Bevölkerung:

Nairobi	2 750 547
Mombasa	799 668

Die Schulungstermine finden Sie unter www.tradewyx.com.

Afrika - Komoren

Hauptstadt: Moroni
Einwohnerzahl: 820 000
Sprache: Arabisch

Wir haben im Bundesland der Kammer keine Marktplatzanwendungen gefunden.

Unternehmen und Bürger der Komoren können ihre Produkte in jedes der 78 in Kapitel 4 aufgeführten Länder verkaufen (exportieren).

Im Staat der Kammer halten wir regelmäßig Schulungen ab, in denen wir beschreiben, wie man die Exporte mit Hilfe des Marktplatzes in verschiedenen Staaten verbessern kann.

Wir führen die Ausbildung - Name der Stadt, Bevölkerung:

Moroni	55 000

Die Schulungstermine finden Sie unter www.tradewyx.com.

Afrika - Lesotho

Hauptstadt: Maseru
Einwohnerzahl: 2 200 000
Sprache: Englisch

Wir haben in Lesotho keine Marktplatz-Apps gefunden.

Unternehmen und Bürger Lesothos können ihre Produkte in jedes der 78 in Kapitel 4 aufgeführten Länder verkaufen (exportieren).

In Lesotho führen wir regelmäßig Schulungen durch, um zu erläutern, wie der Export über Marktplätze in verschiedenen Ländern verbessert werden kann.

Wir führen Schulungen durch - Name der Stadt, Bevölkerung:

Maseru	118 355

Die Schulungstermine finden Sie unter www.tradewyx.com.

Afrika - Liberia

Hauptstadt: Monrovia
Einwohnerzahl: 5 100 000
Sprache: Englisch

Wir haben in Liberia keine Marktplatzanwendung gefunden.

Unternehmen und Bürger aus Liberia können ihre Produkte in jedes der 78 in Kapitel 4 aufgeführten Länder verkaufen (exportieren).

In Liberia führen wir regelmäßig Schulungen durch, um zu erläutern, wie die Ausfuhren mithilfe des Marktplatzes in verschiedenen Staaten verbessert werden können.

Wir führen Schulungen durch - Name der Stadt, Bevölkerung:

Monrovia	939 524

Die Schulungstermine finden Sie unter www.tradewyx.com.

26. Afrika - Libyen

Hauptstadt: Tripolis
Einwohnerzahl: 6 700 000
Sprache: Arabisch

Wir haben in Libyen keine Marktplatzanwendung gefunden.

Unternehmen und Bürger aus Libyen können ihre Produkte in jedes der 78 in Kapitel 4 aufgeführten Länder verkaufen (exportieren).

In Libyen veranstalten wir regelmäßig Schulungen, in denen wir aufzeigen, wie die Exporte durch die Nutzung des Marktplatzes in verschiedenen Ländern verbessert werden können.

Wir führen Schulungen durch - Name der Stadt, Bevölkerung:

Tripolis	1 150 989
Benghazi	650 629

Die Schulungstermine finden Sie unter www.tradewyx.com.

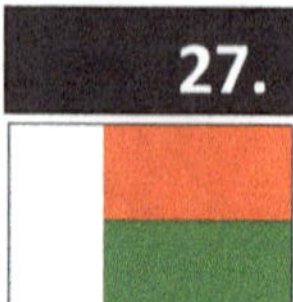

Afrika - Madagaskar

Hauptstadt: Antananarivo
Einwohnerzahl: 28 792 000
Sprache: französisch

Wir haben in Madagaskar keine Marktplatz-Apps gefunden.

Unternehmen und Bürger des Staates Madagaskar können ihre Produkte in jeden der 78 in Kapitel 4 aufgeführten Staaten verkaufen (exportieren).

In Madagaskar veranstalten wir regelmäßig Schulungen zur Verbesserung der Exporte über den Marktplatz in verschiedenen Ländern.

Wir führen Schulungen durch - Name der Stadt, Bevölkerung:

Antananarivo	1 391 433

Die Schulungstermine finden Sie unter www.tradewyx.com.

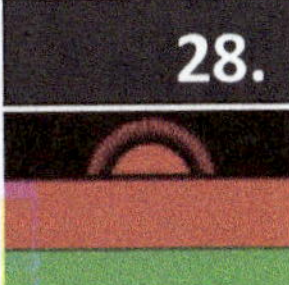

28. Afrika - Malawi

Hauptstadt: Lilongwe
Einwohnerzahl: 19 800 000
Sprache: Englisch

Wir haben in Malawi keine Marktplatz-Apps gefunden.

Malawische Unternehmen und Bürger können ihre Produkte in jedes der 78 in Kapitel 4 aufgeführten Länder verkaufen (exportieren).

In Malawi führen wir regelmäßig Schulungen durch, um zu erläutern, wie der Export über Marktplätze in verschiedenen Ländern verbessert werden kann.

Wir führen Schulungen durch - Name der Stadt, Bevölkerung:

Lilongwe	646 754
Blantyre	584 877

Die Schulungstermine finden Sie unter www.tradewyx.com.

Afrika - Mali

Hauptstadt: Bamako
Einwohnerzahl: 21 900 000
Sprache: französisch

Wir haben keine Marktplatz-App im Staat Mali gefunden.

Unternehmen und Bürger aus Mali können ihre Produkte in jedes der 78 in Kapitel 4 aufgeführten Länder verkaufen (exportieren).

In Mali veranstalten wir regelmäßig Schulungen, um zu erläutern, wie die Exporte durch die Nutzung des Marktplatzes in verschiedenen Staaten verbessert werden können.

Wir führen Schulungen durch - Name der Stadt, Bevölkerung:

Bamako	1 297 281

Die Schulungstermine finden Sie unter www.tradewyx.com.

30. Afrika - Marokko

Hauptstadt: Rabat
Einwohnerzahl: 37 000 000
Sprache: Arabisch

In Marokko haben wir die folgenden Marktplatz-Anwendungen gefunden:
www.jumia.ma

Verkaufen Sie Ihre Produkte über die oben genannten Marktplatz-Apps?
 Und welche Produkte verkaufen
Sie? ....

Unternehmen und Bürger aus Marokko können ihre Produkte in jedes der 77 in Kapitel 4 aufgeführten Länder verkaufen (exportieren).

In Marokko veranstalten wir regelmäßig Schulungen, in denen wir beschreiben, wie die Exporte durch die Nutzung der Marktplätze in verschiedenen Ländern verbessert werden können.

Wir bieten Schulungen an - Name der Stadt, Bevölkerung:

Casablanca	3 144 909
Rabatt	1 655 753
Fes	964 891
Verkauf	903 485
Marrakesch	839 296
Agadir	698 318
Tanger	688 356
Meknes	545 705

Die Schulungstermine finden Sie unter www.tradewyx.com.

31. Afrika - Mauritius

Hauptstadt: Port Louis
Einwohnerzahl: 1 266 000
Sprache: französisch

Wir konnten keine Marktplatz-App im Staat Mauritius finden.

Mauritische Unternehmen und Bürger können ihre Produkte in jedes der 78 in Kapitel 4 aufgeführten Länder verkaufen (exportieren).

In Mauritius veranstalten wir regelmäßig Schulungen, in denen wir aufzeigen, wie der Export durch die Nutzung des Marktplatzes in verschiedenen Ländern verbessert werden kann.

Wir führen Schulungen durch - Name der Stadt, Bevölkerung:

Port Louis	155 226

Die Schulungstermine finden Sie unter www.tradewyx.com.

32. Afrika - Mauretanien

Hauptstadt: Nouakchott
Einwohnerzahl: 4 615 000
Sprache: Arabisch

Wir haben keine Marktplatz-App im Staat Mauretanien gefunden.

Mauretanische Unternehmen und Bürger können ihre Produkte in jedes der 78 in Kapitel 4 aufgeführten Länder verkaufen (exportieren).

In Mauretanien veranstalten wir regelmäßig Schulungen, in denen wir aufzeigen, wie die Exporte durch die Nutzung des Marktplatzes in verschiedenen Ländern verbessert werden können.

Wir führen Schulungen durch - Name der Stadt, Bevölkerung:

Nouakchott	661 494

Die Schulungstermine finden Sie unter www.tradewyx.com.

33. Afrika - Mosambik

Hauptstadt: Maputo
Einwohnerzahl: 32 300 000
Sprache: Portugiesisch

Wir haben keine Marktplatz-App in Mosambik gefunden.

Unternehmen und Bürger aus Mosambik können ihre Produkte in jedes der 78 in Kapitel 4 aufgeführten Länder verkaufen (exportieren).

In Mosambik führen wir regelmäßig Schulungen durch, um zu erläutern, wie die Exporte mithilfe des Marktplatzes in verschiedenen Ländern verbessert werden können.

Wir führen Schulungen durch - Name der Stadt, Bevölkerung:

Maputo	1 191 613
Matola	675 422
Beira	530 604

Die Schulungstermine finden Sie unter www.tradewyx.com.

34. Afrika - Namibia

Hauptstadt: Windhoek
Einwohnerzahl: 2 530 000
Sprache: Englisch

Wir haben keine Marktplatz-App im Staat Namibia gefunden.

Unternehmen und Bürger aus Namibia können ihre Produkte in jedes der 78 in Kapitel 4 aufgeführten Länder verkaufen (exportieren).

In Namibia führen wir regelmäßig Schulungen durch, in denen wir erläutern, wie die Exporte durch die Nutzung des Marktplatzes in verschiedenen Ländern verbessert werden können.

Wir führen Schulungen durch - Name der Stadt, Bevölkerung:

Windhofek	268 132

Die Schulungstermine finden Sie unter www.tradewyx.com.

35. Afrika - Niger

Hauptstadt: Niamey
Einwohnerzahl: 25 250 000
Sprache: französisch

Wir konnten keine Marktplatz-App im Bundesstaat Niger finden.

Unternehmen und Bürger aus dem Staat Niger können ihre Produkte in jeden der 78 in Kapitel 4 aufgeführten Staaten verkaufen (exportieren).

Im Bundesstaat Niger veranstalten wir regelmäßig Schulungen, in denen wir beschreiben, wie die Exporte mit Hilfe des Marktplatzes in verschiedenen Bundesstaaten verbessert werden können.

Wir führen Schulungen durch - Name der Stadt, Bevölkerung:

Niamey	774 235

Die Schulungstermine finden Sie unter www.tradewyx.com.

Afrika - Nigeria

Hauptstadt: Abuja
Einwohnerzahl: 213 600 000
Sprache: Englisch

Im Staat Nigeria haben wir die folgenden Marktplatz-Apps gefunden:
www.konga.com,www.jumia.com.ng

Verkaufen Sie Ihre Produkte über die oben genannten Marktplatz-Apps?
 Und welche Produkte verkaufen
Sie? ....

Unternehmen und Bürger aus Nigeria können ihre Produkte in jedes der 77
in Kapitel 4 aufgeführten Länder verkaufen (exportieren).

Wir halten regelmäßig Schulungen in Nigeria ab, um zu erläutern, wie die
Ausfuhren mithilfe des Marktplatzes in verschiedenen Bundesstaaten
verbessert werden können.

Wir führen Schulungen durch - Name der Stadt, Bevölkerung:

Lagos	9 000 000	Ihre	816 824
Kano	3 626 068	Ilorin	814 192
Ibadan	3 565 108	Oyo	736 072
Kaduna	1 582 102	Enugu	688 862
Port Harcourt	1 148 665	Abeokuta	593 143
Benin-Stadt	1 125 058	Abuja	590 493
Maiduguri	1 112 449	Sokoto	563 861
Zaria	975 153	Onitsha	561 066
Aba	897 564	Warri	536 023
		Ebute Ikorodu	535 619

Die Schulungstermine finden Sie unter www.tradewyx.com.

Hauptstadt: Yamoussoukro
Einwohnerzahl: 27 480 000
Sprache: französisch

In der Elfenbeinküste haben wir die folgenden Marktplatz-Apps gefunden:
www.jumia.ci

Verkaufen Sie Ihre Produkte über die oben genannten Marktplatz-Apps?
 Und welche Produkte verkaufen
Sie? ....

Unternehmen und Bürger aus Côte d'Ivoire können ihre Produkte in jedes der 77 in Kapitel 4 aufgeführten Länder verkaufen (exportieren).

In Côte d'Ivoire führen wir regelmäßig Schulungen durch, um zu erläutern, wie die Exporte durch die Nutzung des Marktplatzes in verschiedenen Ländern verbessert werden können.

Wir führen Schulungen durch - Name der Stadt, Bevölkerung:

Abidjan	3 677 115
Abobo	900 732
Bouake	567 481

Die Schulungstermine finden Sie unter www.tradewyx.com.

38. Afrika - Republik Kongo

Hauptstadt: Brazzaville
Einwohnerzahl: 5 800 000
Sprache: französisch

In der Republik Kongo haben wir keine Marktplatz-Apps gefunden.

Unternehmen und Bürger aus der Republik Kongo können ihre Produkte in jedes der 78 in Kapitel 4 aufgeführten Länder verkaufen (exportieren).

In der Republik Kongo führen wir regelmäßig Schulungen durch, um zu erläutern, wie die Exporte mithilfe von Marktplätzen in verschiedenen Staaten verbessert werden können.

Wir führen Schulungen durch - Name der Stadt, Bevölkerung:

Brazzaville	1 284 609
Pointe-Noire	659 084

Die Schulungstermine finden Sie unter www.tradewyx.com.

Afrika - Äquatorialguinea

Hauptstadt: Malabo
Einwohnerzahl: 1 633 000
Sprache: spanisch

Wir haben keine Marktplatz-Anwendungen in Äquatorialguinea gefunden.

Unternehmen und Bürger aus Äquatorialguinea können ihre Produkte in jedes der 78 in Kapitel 4 aufgeführten Länder verkaufen (exportieren).

In Äquatorialguinea führen wir regelmäßig Schulungen durch, um zu erläutern, wie die Exporte durch die Nutzung des Marktplatzes in verschiedenen Ländern verbessert werden können.

Wir führen Schulungen durch - Name der Stadt, Bevölkerung:

Bata	173 046

Die Schulungstermine finden Sie unter www.tradewyx.com.

Afrika - Ruanda

Hauptstadt: Kigali
Einwohnerzahl: 13 400 000
Sprache: französisch

Wir haben keine Marktplatz-App im Land Ruanda gefunden.

Unternehmen und Bürger aus Ruanda können ihre Produkte in jedes der 78 in Kapitel 4 aufgeführten Länder verkaufen (ausführen).

In Ruanda führen wir regelmäßig Schulungen durch, um zu erläutern, wie die Exporte durch die Nutzung des Marktplatzes in verschiedenen Ländern verbessert werden können.

Wir führen Schulungen durch - Name der Stadt, Bevölkerung:

Kigali	745 261

Die Schulungstermine finden Sie unter www.tradewyx.com.

41. Afrika - Senegal

Hauptstadt: Dakar
Einwohnerzahl: 16 800 000
Sprache: französisch

Im Senegal haben wir die folgenden Marktplatz-Apps gefunden:
www.jumia.sn

Verkaufen Sie Ihre Produkte über die oben genannten Marktplatz-Apps? Und welche Produkte verkaufen Sie? ....

Unternehmen und Bürger aus dem Senegal können ihre Produkte in jedes der 77 in Kapitel 4 aufgeführten Länder verkaufen (exportieren).

Im Senegal veranstalten wir regelmäßig Schulungen, in denen wir beschreiben, wie sich die Exporte durch die Nutzung des Marktplatzes in verschiedenen Ländern verbessern lassen.

Wir führen Schulungen durch - Name der Stadt, Bevölkerung:

Dakar	2 476 400
Pikine	874 062
Touba	529 176

Die Schulungstermine finden Sie unter www.tradewyx.com.

42. Afrika - Seychellen

Hauptstadt: Victoria
Einwohnerzahl: 100 000
Sprache: Englisch

Wir haben auf den Seychellen keine Marktplatz-Apps gefunden.

Unternehmen und Bürger der Seychellen können ihre Produkte in jedes der 78 in Kapitel 4 aufgeführten Länder verkaufen (exportieren).

Auf den Seychellen veranstalten wir regelmäßig Schulungen, in denen wir beschreiben, wie die Exporte durch die Nutzung des Marktplatzes in verschiedenen Ländern verbessert werden können.

Wir führen Schulungen durch - Name der Stadt, Bevölkerung:

Victor	22 881

Die Schulungstermine finden Sie unter www.tradewyx.com.

43. Afrika - Sierra Leone

Einwohnerzahl: 8 400 000
Sprache: Englisch

Wir haben in Sierra Leone keine Marktplatz-App gefunden.

Unternehmen und Bürger aus Sierra Leone können ihre Produkte in jedes der 78 in Kapitel 4 aufgeführten Länder verkaufen (exportieren).

In Sierra Leone führen wir regelmäßig Schulungen durch, um zu erläutern, wie die Exporte durch die Nutzung des Marktplatzes in verschiedenen Ländern verbessert werden können.

Wir führen Schulungen durch - Name der Stadt, Bevölkerung:

Freetown	802 639

Die Schulungstermine finden Sie unter www.tradewyx.com.

Afrika - Somalia

Hauptstadt: Mogadischu
Einwohnerzahl: 17 400 000
Sprache: somali

Wir haben in Somalia keine Marktplatzanwendung gefunden.

Unternehmen und Bürger aus Somaliland können ihre Produkte in jedes der 78 in Kapitel 4 aufgeführten Länder verkaufen (exportieren).

In Somaliland führen wir regelmäßig Schulungen durch, um zu erläutern, wie die Exporte durch die Nutzung des Marktplatzes in verschiedenen Ländern verbessert werden können.

Wir führen Schulungen durch - Name der Stadt, Bevölkerung:

Mogadischu	2 587 183

Die Schulungstermine finden Sie unter www.tradewyx.com.

Afrika - Zentralafrikanische Republik

Hauptstadt: Bangui
Einwohnerzahl: 5 470 000
Sprache: französisch

In der Zentralafrikanischen Republik konnten wir keine Marktplatz-Apps finden.

Unternehmen und Bürger aus der Zentralafrikanischen Republik können ihre Produkte in jedes der 78 in Kapitel 4 aufgeführten Länder verkaufen (exportieren).

In der Zentralafrikanischen Republik veranstalten wir regelmäßig Schulungen, in denen wir beschreiben, wie man die Exporte über den Marktplatz in verschiedenen Ländern verbessern kann.

Wir führen Schulungen durch - Name der Stadt, Bevölkerung:

Bangui	542 393

Die Schulungstermine finden Sie unter www.tradewyx.com.

46. Afrika - Sudan

Hauptstadt: Khartoum
Einwohnerzahl: 45 000 000
Sprache: Arabisch

Wir haben im Sudan keine Marktplatzanwendung gefunden.

Unternehmen und Bürger aus dem Sudan können ihre Produkte in jedes der 78 in Kapitel 4 aufgeführten Länder verkaufen (exportieren).

Im Sudan führen wir regelmäßig Schulungen durch, um zu erläutern, wie die Exporte mithilfe von Marktplätzen in verschiedenen Staaten verbessert werden können.

Wir führen Schulungen durch - Name der Stadt, Bevölkerung:

Khartoum	1 974 647
Omdurman	1 200 000
Nyala	565 734

Die Schulungstermine finden Sie unter www.tradewyx.com.

Afrika - St. Thomas

Hauptstadt:Saint Thomas
Einwohnerzahl:71 000
Sprache:Portugiesisch

Wir haben keine Marktplatzanmeldungen im Staat St. Thomas gefunden.

Unternehmen und Bürger aus St. Thomas können ihre Produkte in jedes der 78 in Kapitel 4 aufgeführten Länder verkaufen (exportieren).

In St. Thomas halten wir regelmäßig Schulungen ab, in denen beschrieben wird, wie man die Exporte durch die Nutzung des Marktplatzes in verschiedenen Staaten verbessern kann.

Wir führen Schulungen durch - Name der Stadt, Bevölkerung:

Sao Tome	71 673

Die Schulungstermine finden Sie unter www.tradewyx.com.

48. Afrika - Swasiland

Hauptstadt: Mbabane
Einwohnerzahl: 1 200 000
Sprache: Englisch

Wir haben in Swasiland keine Marktplatz-Apps gefunden.

Unternehmen und Bürger aus Swasiland können ihre Produkte in jedes der 78 in Kapitel 4 aufgeführten Länder verkaufen (exportieren).

In Swasiland veranstalten wir regelmäßig Schulungen, in denen wir beschreiben, wie sich die Exporte durch die Nutzung des Marktplatzes in verschiedenen Ländern verbessern lassen.

Wir führen Schulungen durch - Name der Stadt, Bevölkerung:

Manzini	110 537

Die Schulungstermine finden Sie unter www.tradewyx.com.

Afrika - Tansania

Hauptstadt:Dodoma (Dar es Salaam)
Einwohnerzahl:63 500 000
Sprache:Swahili

Wir haben keine Marktplatz-App im Staat Tansania gefunden.

Unternehmen und Bürger aus Tansania können ihre Produkte in jedes der 78 in Kapitel 4 aufgeführten Länder verkaufen (exportieren).

In Tansania führen wir regelmäßig Schulungen durch, um zu erläutern, wie der Export über Marktplätze in verschiedenen Ländern verbessert werden kann.

Wir führen Schulungen durch - Name der Stadt, Bevölkerung:

Dar es Salaam	2 698 652

Die Schulungstermine finden Sie unter www.tradewyx.com.

Afrika - Togo

Hauptstadt: Lomé
Einwohnerzahl: 8 600 000
Sprache: französisch

Wir haben keine Marktplatz-App in Togo gefunden.

Unternehmen und Bürger aus Togo können ihre Produkte in jedes der 78 in Kapitel 4 aufgeführten Länder verkaufen (exportieren).

In Togo veranstalten wir regelmäßig Schulungen, in denen wir erläutern, wie die Exporte mit Hilfe des Marktplatzes in verschiedenen Ländern verbessert werden können.

Wir führen Schulungen durch - Name der Stadt, Bevölkerung:

Lome	749 782

Die Schulungstermine finden Sie unter www.tradewyx.com.

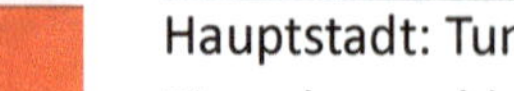

51. Afrika - Tunesien

Hauptstadt: Tunis
Einwohnerzahl: 12 26 000
Sprache: Arabisch

In Tunesien haben wir die folgenden Marktplatz-Anwendungen gefunden:
www.jumia.com.tn

Verkaufen Sie Ihre Produkte über die oben genannten Marktplatz-Apps?
 Und welche Produkte verkaufen
Sie? ....

Unternehmen und Bürger aus Tunesien können ihre Produkte in jedes der 77 in Kapitel 4 aufgeführten Länder verkaufen (exportieren).

In Tunesien veranstalten wir regelmäßig Schulungen, in denen wir beschreiben, wie man die Exporte mit Hilfe des Marktplatzes in verschiedenen Ländern verbessern kann.

Wir führen Schulungen durch - Name der Stadt, Bevölkerung:

Tunis	693 214

Die Schulungstermine finden Sie unter www.tradewyx.com.

Afrika - Uganda

Hauptstadt: Kampala
Einwohnerzahl: 45.000.000
Sprache: Englisch

In Uganda haben wir die folgenden Marktplatz-Apps gefunden:
www.jumia.ug

Verkaufen Sie Ihre Produkte über die oben genannten Marktplatz-Apps?
 Und welche Produkte verkaufen
Sie? ....

Unternehmen und Bürger aus Uganda können ihre Produkte in jedes der 77 in Kapitel 4 aufgeführten Länder verkaufen (exportieren).

In Uganda führen wir regelmäßig Schulungen durch, um zu erläutern, wie der Export über Marktplätze in verschiedenen Ländern verbessert werden kann.

Wir führen Schulungen durch - Name der Stadt, Bevölkerung:

Kampala	1 353 189

Die Schulungstermine finden Sie unter www.tradewyx.com.

Afrika - Sambia

Hauptstadt: Lusaka
Einwohnerzahl: 19 470 000
Sprache: Englisch

Wir haben in Sambia keine Marktplatz-Apps gefunden.

Unternehmen und Bürger aus Sambia können ihre Produkte in jedes der 78 in Kapitel 4 aufgeführten Länder verkaufen (exportieren).

In Sambia führen wir regelmäßig Schulungen durch, in denen wir erläutern, wie der Export über Marktplätze in verschiedenen Ländern verbessert werden kann.

Wir führen Schulungen durch - Name der Stadt, Bevölkerung:

Lusaka	1 267 440

Die Schulungstermine finden Sie unter www.tradewyx.com.

<table>
<tr><td>**54.**</td><td>## Afrika - Westsahara</td></tr>
</table>

Einwohnerzahl: 533 008
Sprache: Arabisch

Wir haben in der Westsahara keine Marktplatzanwendung gefunden.

Unternehmen und Bürger aus der Westsahara können ihre Produkte in jedes der 78 in Kapitel 4 aufgeführten Länder verkaufen (exportieren).

Im Staat Westsahara führen wir regelmäßig Schulungen durch, um zu erläutern, wie die Exporte durch die Nutzung des Marktplatzes in verschiedenen Staaten verbessert werden können.

Wir führen Schulungen durch - Name der Stadt, Bevölkerung:

Laayoune	196 331

Die Schulungstermine finden Sie unter www.tradewyx.com.

<table>
<tr><td>55.</td><td>

Afrika - Simbabwe

Hauptstadt: Harare
Einwohnerzahl: 16 000 000
Sprache: Englisch
</td></tr>
</table>

Wir haben in Simbabwe keine Marktplatz-Apps gefunden.

Simbabwische Unternehmen und Bürger können ihre Produkte in jedes der 78 in Kapitel 4 aufgeführten Länder verkaufen (ausführen).

In Simbabwe führen wir regelmäßig Schulungen durch, in denen wir aufzeigen, wie sich die Exporte durch die Nutzung des Marktplatzes in verschiedenen Ländern verbessern lassen.

Wir führen Schulungen durch - Name der Stadt, Bevölkerung:

Harare	1 542 813
Bulawayo	699 385

Die Schulungstermine finden Sie unter www.tradewyx.com.

Inhaltsübersicht

0 Einleitung..3

1. für wen ist das Buch gedacht?...4

2 Erläuterung der Begriffe...7

3. wie es begann..8

4. die Länder, in denen wir Verkäufe vermitteln können..................10

5. eine Übersicht der Produkte, die wir verkaufen können..................11

6.praktisches Beispiel I...12

7. praktisches Beispiel II...13

8. einfache Registrierung...14

9. praktisches Beispiel III...17

10.Geschwindigkeit des Verkaufsstarts auf dem Marktplatz..................18

11. der Prozess des Verkaufens auf dem Marktplatz in verschiedenen Ländern..19

12. die Berechnung der Marktplatzverkäufe in verschiedenen Ländern 20

13 Wie kann man entscheiden, in welchen Staaten man verkaufen will?..21

14. Marketingunterstützung..22

15. die Beschreibung der Artikel...23

16.Ausbildung...24

17. potenzielle Verkäufe auf Marktplätzen in verschiedenen Ländern. .25

18.Verkauf von Werbeflächen..26

19. Verkauf von bezahlten Inhalten..28

20. praktische Beispiele für nationale Verkäufe..................29

Europa...**30**

1.Europa - Albanien...31

2.Europa - Andorra..32

3.Europa - Belgien...33

4.Europa - Weißrussland...34

5.Europa Bosnien und Herzegowina.....................................35

6.Europa - Bulgarien...36

7.Europa - Montenegro...37

8.Europa - Tschechische Republik...38

9.Europa - Dänemark..39

10.Europa - Estland..40

11.Europa - Finnland..41

12.Europa - Frankreich..42

13.Europa - Kroatien..43

14.Europa - Irland...44

15.Europa - Island..45

16.Europa - Italien..46

17.Europa - Kosovo..47

18.Europa - Liechtenstein..48

19.E.vropa - Litauen...49

20.Europa - Lettland...50

21.Europa - Luxemburg..51

22.Europa - Ungarn..52

23.Europa - Mazedonien..................53

24.Europa - Malta..................54

25.Europa - Moldawien..................55

26.Europa - Monaco..................56

27.Europa - Deutschland..................57

28.Europa - Niederlande..................58

29.Europa - Norwegen..................59

30.Europa - Polen..................60

31.Europa - Portugal..................61

32.Europa - Österreich..................62

33.Europa - Rumänien..................63

34.Europa - Russland..................64

35.Europa - Griechenland..................66

36.Europa - San Marino..................67

37.Europa - Slowakei..................68

38.Europa - Slowenien..................69

39.Europe - Vereinigtes Königreich..................70

40.Europa - Serbien..................71

41.Europa - Schweden..................72

42.Europa - Spanien..................73

43.Europa - Schweiz..................74

44.Europa - Ukraine..................75

45.Europa - Vatikanstadt..................76

Asien...**77**

1.Asien - Afghanistan..78

2.Asien - Armenien..79

3. Asien - Aserbaidschan...80

4.Asien - Bahrain..81

5.Asien - Bangladesch..82

6. Asien - Bhutan...83

7. Asien - Brunei..84

8. Asien - China...85

9.Asien - Philippinen..89

10.Asien - Georgien..90

11.Asien - Indien...91

12. Asien - Indonesien..94

13.Asien - Irak..96

14.Asien - Israel...97

15.Asien - Iran..98

16.Asien - Japan...99

17.Asien - Jemen...101

18.Asien - Südkorea..102

19.Asien - Jordanien..103

20.Asien - Kambodscha..104

21.Asien - Katar...105

22.Asien - Kasachstan..106

23.Asien - Kuwait..107

24.Asien - Zypern......................108

25.Asien - Kirgisistan......................109

26.Asien - Laos......................110

27.Asien - Libanon......................111

28.Asien - Malaysia......................112

29.Asien - Malediven......................113

30.Asien - Mongolei......................114

31.Asien - Myanmar......................115

32.Asien - Nepal......................116

33.Asien - Oman......................117

34.Asien - Pakistan......................118

35.Asien - Saudi-Arabien......................119

36.Asien - Nordkorea......................120

37. Asien - Vereinigte Ar. Emirate......................121

38.Asien - Singapur......................122

39.Asien - Sri Lanka......................123

40.Asien - Syrien......................124

41.Asien - Tadschikistan......................125

42.Asien - Thailand......................126

43.Asien - Taiwan......................127

44.Asien - Türkei......................128

45.Asien - Turkmenistan......................129

46.Asien - Usbekistan......................130

47.Asien - Vietnam......................131

48.Asien - Osttimor...132

Australien...133

1.Australien - Australien...134

2.Australien - Cookinseln...135

3.Australien - Fed. Staaten Mikr...136

4.Australien - Fidschi...137

5.Australien - Kiribati...138

6.Australien - Marshall O...139

7. Australien - Nauru...140

8.Australien - Neuseeland...141

9.Australien - Palau...142

10.Australien - Papua-Neuguinea...143

11.Australien - Samoa...144

12.Australien - Nordmar...145

13.Australien - Shalam. Inseln...146

14.Australien - Tonga...147

15.Australien - Tuvalu...148

16.Australien - Vanuatu...149

Amerika...150

1.Amerika - Am. Panen. Ostr...151

2.Amerika - Anguilla...152

3.Amerika - Antigua Barbuda...153

4.Amerika - Argentinien...154

5.Amerika - Aruba...155

6.Amerika - Bahamas.............156

7.Amerika - Barbados.............157

8.Amerika - Belize.............158

9.Amerika - Bermuda.............159

10.Amerika -Bolivien.............160

11.Amerika - Brasilien.............161

12.Amerika - Britische Insel.............163

13.Amerika - Curaçao.............164

14.Amerika - Dominica.............165

15.Amerika - Dominikanische R.............166

16.Amerika - Ecuador.............167

17.Amerika - Falklandinseln.............168

18.Amerika - Frankreich. Guyana.............169

19.Amerika - Grenada.............170

20.Amerika - Grönland.............171

21.Amerika - Guadeloupe.............172

22.Amerika - Guatemala.............173

23.Amerika - Guyana.............174

24.Amerika - Haiti.............175

25.Amerika - Honduras.............176

26.Amerika - Chile.............177

27.Amerika - Jamaika.............178

28.Amerika - Südgeorgien.............179

29.Amerika - Cayman. Inseln.............180

A30.America - Kanada.....................181

A31.Amerika - Karibisches Tiefland.....................182

32.Amerika - Kolumbien.....................183

33.Amerika - Costa Rica.....................184

34.Amerika - Kuba.....................185

35.Amerika - Martinique.....................186

36.Amerika - Mexiko.....................187

37.Amerika - Montserrat.....................189

38.Amerika - Nicaragua.....................190

39.Amerika - Panama.....................191

40.Amerika - Paraguay.....................192

41.Amerika - Peru.....................193

42.Amerika - Puerto Rico.....................194

43.Amerika - Saint Pierre.....................195

44.Amerika - El Salvador.....................196

45.Amerika - USA.....................197

46.Amerika - Surinam.....................199

47.Amerika - St. Lucia.....................200

48.Amerika - Heiliger Bartholomäus.....................201

49,Amerika - St. Kitts, Nevis.....................202

50.Amerika - St. Martin.....................203

51.Amerika - St. Vincent.....................204

52.Amerika - Trinidad und Tobago.....................205

53.Amerika - Türke.....................206

54.Amerika - Uruguay...207

55.Amerika - Venezuela..208

Afrika...**209**

1.Afrika - Algerien..210

2.Afrika - Angola..211

3. Afrika - Benin...212

4. Afrika - Botswana..213

5.Afrika - Burundi..214

6. Afrika - Burkina Faso...215

7.Afrika - Tschad...216

8.Afrika - Demok. Rep. Kongo..................................217

9.Afrika - Dschibuti..218

10.Afrika - Ägypten..219

11.Afrika - Eritrea..220

12.Afrika - Äthiopien..221

13.Afrika - Gabun..222

14.Afrika - Gambia...223

15.Afrika - Ghana...224

16.Afrika - Guinea..225

17.Afrika - Guinea Bissau...226

18.Afrika Südafrika...227

19.Afrika - Südsudan...228

20.Afrika - Kamerun...229

21.Afrika - Kapverdische Inseln..................................230

22.Afrika - Kenia..231

23.Afrika - Komoren..232

24.Afrika - Lesotho...233

25.Afrika - Liberia...234

26.Afrika - Libyen...235

27.Afrika - Madagaskar..236

28.Afrika - Malawi..237

29.Afrika - Mali..238

30.Afrika - Marokko..239

31.Afrika - Mauritius...240

32.Afrika - Mauretanien...241

33.Afrika - Mosambik..242

34.Afrika - Namibia...243

35.Afrika - Niger..244

36.Afrika - Nigeria..245

37.Afrika - Elfenbeinküste...246

38.Afrika - Republik Kongo..247

39.Afrika - Äquatorialguinea..248

40.Afrika - Ruanda..249

41.Afrika - Senegal..250

42.Afrika - Seychellen..251

43.Afrika - Sierra Leone..252

44.Afrika - Somalia..253

45.Afrika - Zentralafrikanische Republik..................................254

46.Afrika - Sudan...255

47.Afrika - St. Thomas...256

48.Afrika - Swasiland..257

49.Afrika - Tansania...258

50.Afrika - Togo...259

51.Afrika - Tunesien..260

52.Afrika - Uganda..261

53.Afrika - Sambia..262

54.Afrika - Westsahara...263

55.Afrika - Simbabwe..264